おじぃちゃんのハガキ

え・文・写真　佐々木重幸

私の祖父・佐々木重幸は愛するカメラと共に頻繁に旅に出かけました。七十一歳で脳梗塞に倒れるまで約十五年間にわたって、その旅先々から私たち孫あてに、たくさんの絵ハガキを出してくれました。幼かった私たちを気遣う簡単な文と、色鉛筆で描かれた旅先での情景や祖母との旅の様子で構成された絵ハガキです。

当時の私にとって、旅先から届く絵ハガキは祖父の優しさや異国の風土を感じられるものであり、何より、自分あてにハガキが届くということが、子供ながらにとても嬉しい体験でした。

長い歳月を経て、あらためてハガキに目を通してみると、多少色褪せてはいるものの、変わらずに、そこにある文字、絵から祖父の優しさ、そして、旅先々での元気な様子が伝わってきました。こうした事はデジタル化が進んでいる今の時代でいうならば、超効率の悪い、超アナログ的な事だと思います。ですが、私は、そんな超アナログな祖父から古き良き温かさをあらためて教えられたような気がします。

「おじいちゃん、素敵な贈りものをありがとう」

本書は、そんな祖父が残してくれた絵ハガキを、しっかりと形にして残しておきたいという思いから、それぞれの旅先で祖父が撮った写真を交え、一冊の本としてまとめたものです。

最後に、未だ半人前にも至っていない私に本の編集を任せてくれた祖母・佐々木敬子、また、出版にあたりまして、温かいご指導をいただいた海鳥社の皆さんへ心より感謝いたします。

二〇〇八年七月

佐々木　亮

もくじ

ケニアと
セイシェル

1978年7月28日〜8月9日

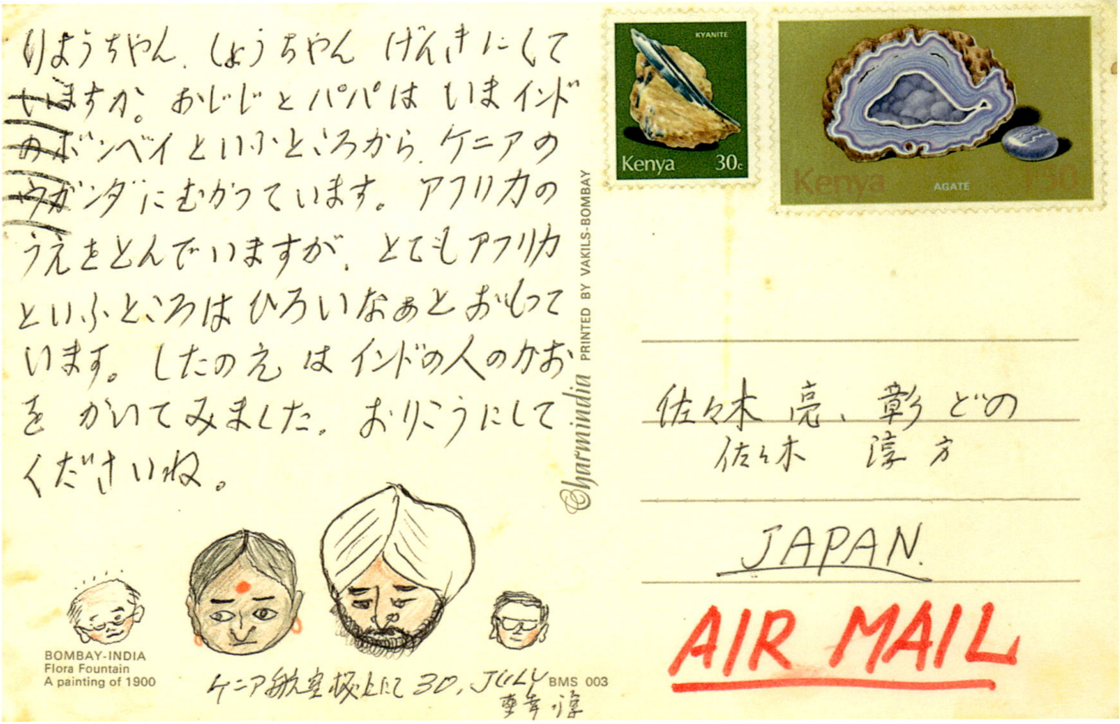
りょうちゃん、しょうちゃん げんきにしていますか。おじじとパパは いまインドのボンベイといふところから、ケニアのウガンダにむかっています。アフリカのうえをとんでいますが、とてもアフリカといふところはひろいなぁとおもっています。したのえ は インドの人のかおを かいてみました。おりこうにしてくださいね。

佐々木 亮、彰 どの
佐々木 淳 方
JAPAN

AIR MAIL

ケニア航空機上にて 30, JULY

アフリカの うえを とんでいます。

1978年7月30日　機中

WILDLIFE - EAST AFRICA

いろいろな どうぶつや
とりをみました。また マサイ
ぞくという どじんもいて
しゃしんをとるとおかねをとら
れます。とても せのたかいのが
いて びっくりしました。
こんばんはにほん
りょうりてんでてん
ぷらなでした。

ナイロビはちいさなきれいなまちです。
くだものはたいていゆにゅうだそうです。

ナイロビにて

佐々木りょうくん、しょうくん
佐々木 淳 方

JAPAN

AIR MAIL

いろいろな どうぶつや とりをみました。

1978年8月1日　ナイロビ

EAST AFRICA
AFRICAN WILDLIFE
LIONS – RHINOCEROSES WITH BABY

りょうくん、しょうくん げんきですか。わたしたちは きのうときょう サファリーに いきました。ぞうさんが たくさん いて とても みものでした。かばや ライオンや しまうまも たくさん いましたが ひろい ひろい のはらに いちばん びっくりして います。

佐々木 亮・彰 どの
佐々木 淳 方
JAPAN
AIR MAIL

KYANITE
Kenya 30c
AGATE

"Africa in Pictures"
65/153
Copyright Owner
The Elite Group
P.O. Box 40683 Nairobi

ケニア・アンボセリ サファリーロッヂにて

サファリーに いきました。
ぞうさんが たくさんいて とても みものでした。

1978年8月2日 ナイロビ

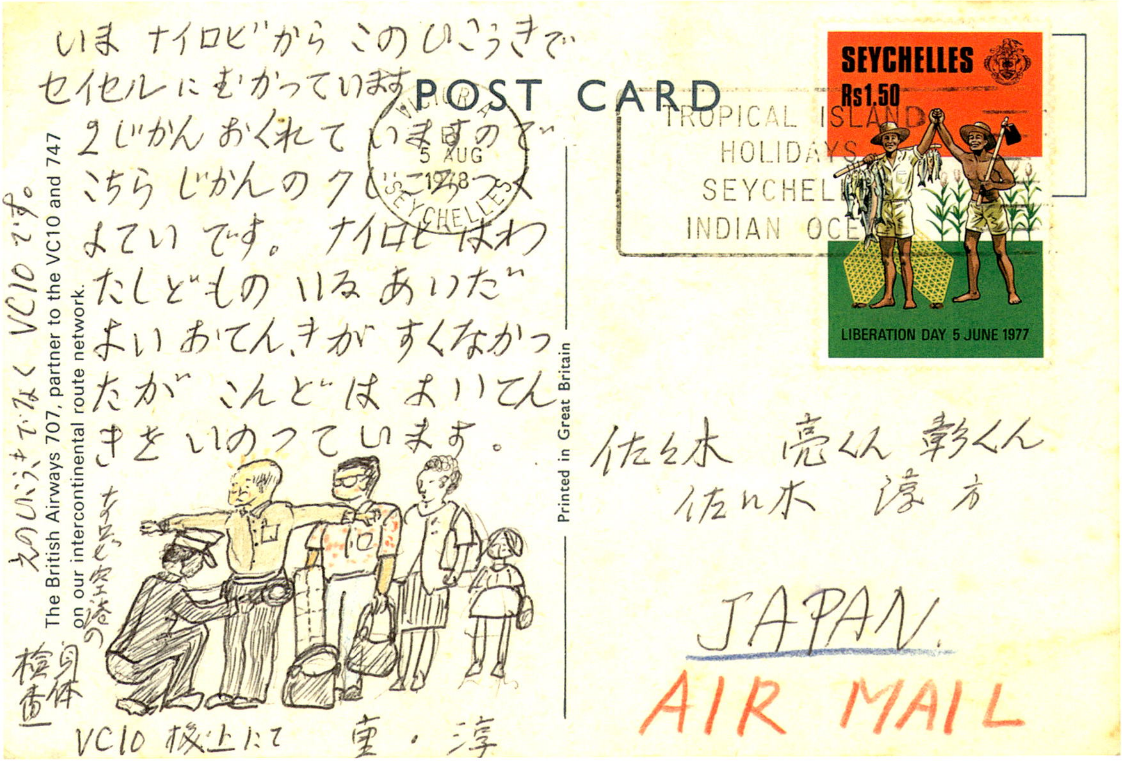
POST CARD
SEYCHELLES
Rs1.50
LIBERATION DAY 5 JUNE 1977
5 AUG
The British Airways 707, partner to the VC10 and 747 on our intercontinental route network.
Printed in Great Britain
いま ナイロビから このひこうきで
セイセルに むかっています
2じかん おくれて いますので
よていです。ナイロビは わ
たしどもの いるあいだ
よいおてんきが すくなかっ
たが こんどは よいてん
きをいのっています。
JAPAN
AIR MAIL

この　ひこうきで　セイセルに　むかっています。

1978年8月3日　機中

British airways
The British Airways 707

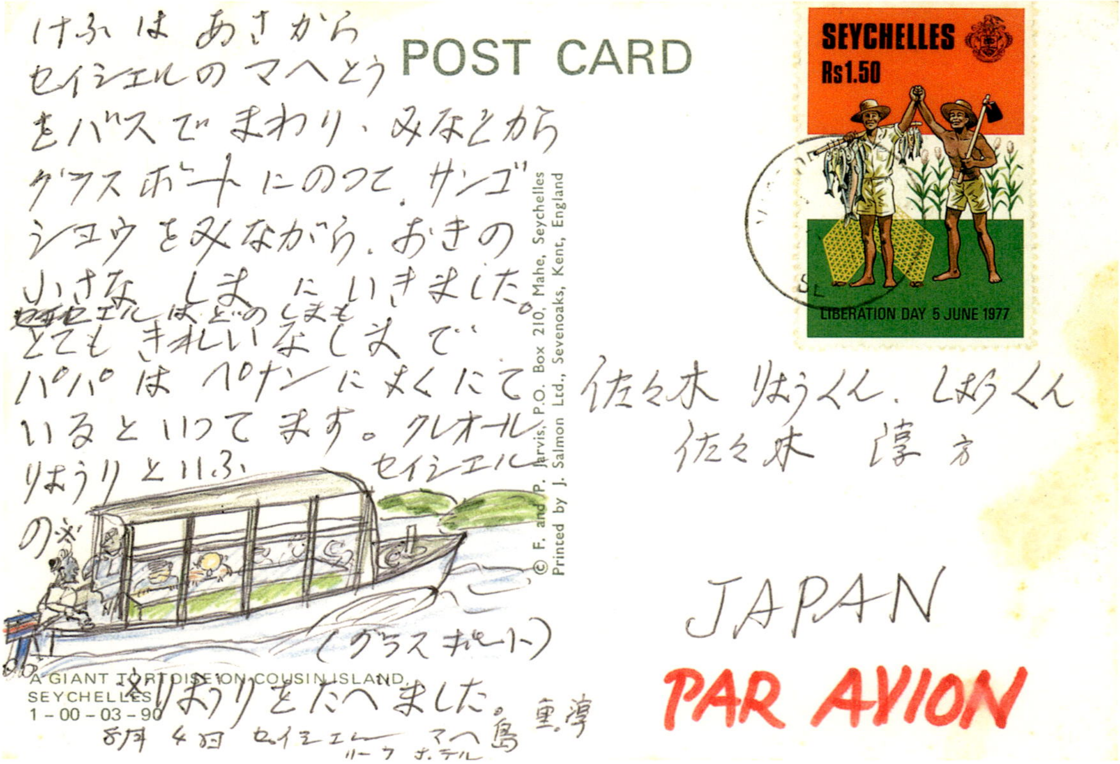
POST CARD
けふは あさから
セイシェルの マヘとう
をバスで まわり、みなとから
グラスボートにのって、サンゴ
ショウを みながら、おきの
小さな しまに いきました。
セイシェルはどのしまも
とても きれいなしまで
パパは ペナンに よくにて
いると いってます。クレオール
りょうりと いふ セイシェル
の※
(グラスボート)
※りょうりをたべました。
8月4日 セイシェル マヘ島 リーフホテル
SEYCHELLES
Rs1.50
LIBERATION DAY 5 JUNE 1977
© F. and P. Jarvis, P.O. Box 210, Mahe, Seychelles
Printed by J. Salmon Ltd., Sevenoaks, Kent, England
A GIANT TORTOISE ON COUSIN ISLAND, SEYCHELLES
1-00-03-90
佐々木 りょうくん、しょうくん
佐々木 淳 方
JAPAN
PAR AVION

小さな しまに いきました。

1978年8月4日　セイシェル

きょうは レンタカーを
かりて しまの まわり
を 一まわりしました。バギー
というくるまにのりたかった
のですが なくて、にほん
のサニー でした。パパは
きれいな すなはまで およ
いだので ばんごはんが
たくさん いけました。
ばんはふた
のまるやき
やジンギス
カンでした。
あすは
いよいよ かえります。5日 東幸淳
POST CARD
SEYCHELLES
GIANT TORTOISE
TORTUE GEANTE
50c
SEYCHELLES
MADAGASCAR FODY
CARDINAL de MADAGASCAR
Re.1
© F. and P. Jarvis, P.O. Box 210, Mahe, Seychelles
Printed by J. Salmon Ltd., Sevenoaks, Kent, England
PETIT PORT FROM 'FISHERMAN'S COVE'
HOTEL, MAHE, SEYCHELLES
1-00-01-91
佐々木 亮くん 彰くん
佐々木 淳方
JAPAN.
AIR MAIL

しまの まわりを 一まわり しました。

1978年8月5日　セイシェル

セイシエルからがえりのひこうきが
キャンセルされて また
ナイロビ ヒルトンに ぎゃくもどりし
ました。これから きょう ロンドンにいき
あす モスコーけいゆで かえります。
セイシエルで ゆっくり やすんだので
げんきーぱいです。それでも
ボンベイや ロンドンが みられます
ので、これも おもしろいと おもい
ます。ウガンダ ざんねん。

佐々木 りょうくん しょうくん
佐々木 淳方
JAPAN.
AIR MAIL

きょう　ロンドンにいき
あす　モスコーけいゆで　かえります。

1978年8月6日　ナイロビ

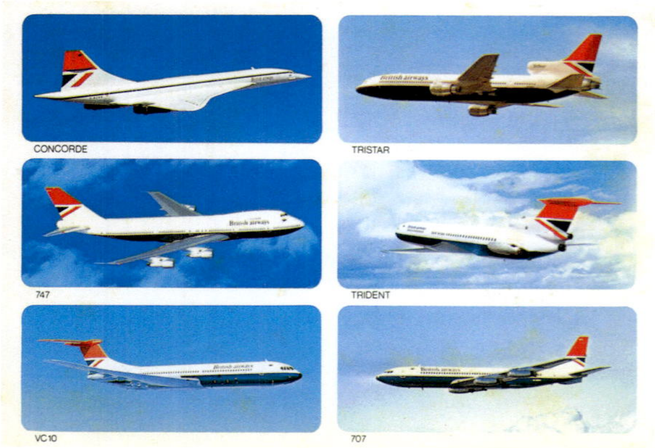

ケルンとスペイン

1979年12月23日～1月6日

Mobba
Congelador: CIGALA
700
360

いま　ブーンに　のって　とんでます。

1979年12月23日　機中

5108 Monschau i. d. Eifel - Partie a. d. Rur

きのうのあさ ぶじに ゆきのドイツ
につきました。クリスマス イブで、
ジジィもババァも プレゼントを
もらいました。それでも ブドウ酒
をすこし のんで ねてしまいました。
きょうは くるまで モンシャウという
まちに いきました。あめが
ふって います。ふるいまちで
おひるをたべ
ました。

25/XII
おじじとおばば

ささき りょう しょう 殿
佐々木外科医院
JAPAN.
mit LUFT POST

Aufnahme u. Verlag F.G. Zeitz KG, Königssee/Obb. - Jeglicher Nachdruck verboten
FK 457

ふるいまちで　おひるを　たべました。

1979年12月25日　ケルン

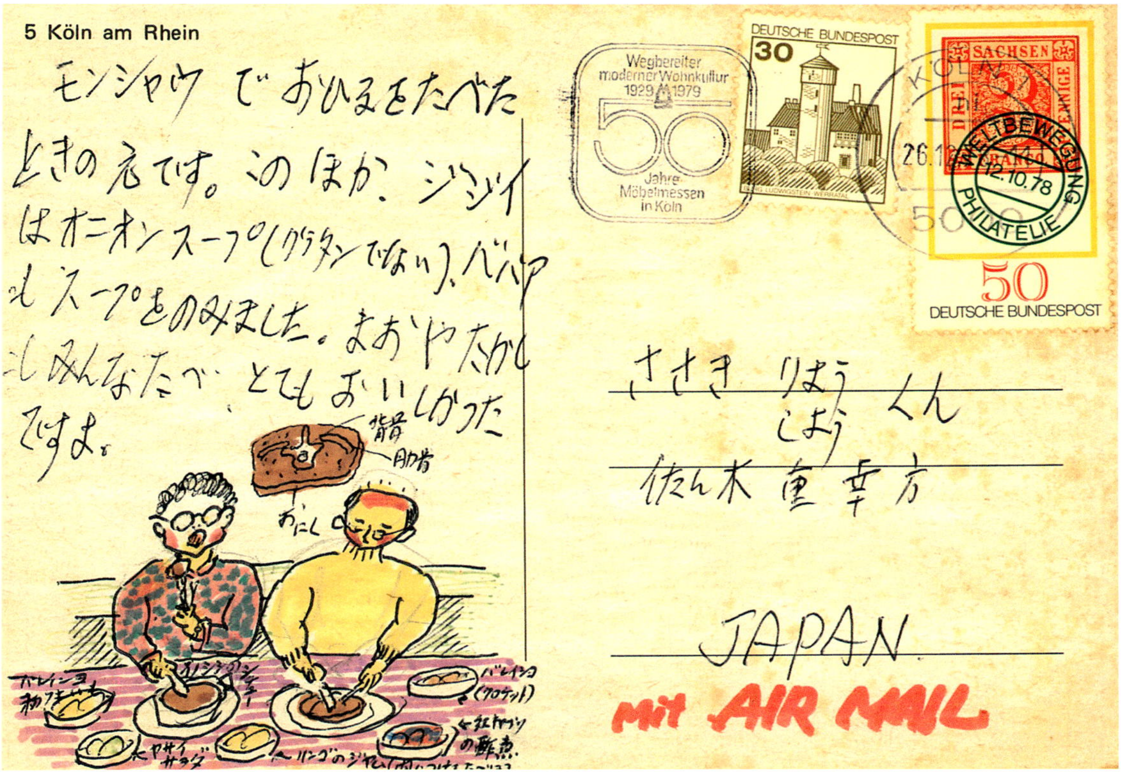

イノシシのシチュー、ヤサイサラダ、粉フキいも……。

1979年12月25日　ケルン

シンデレラの　オペラを　みにいきました。

1979年12月26日　ケルン

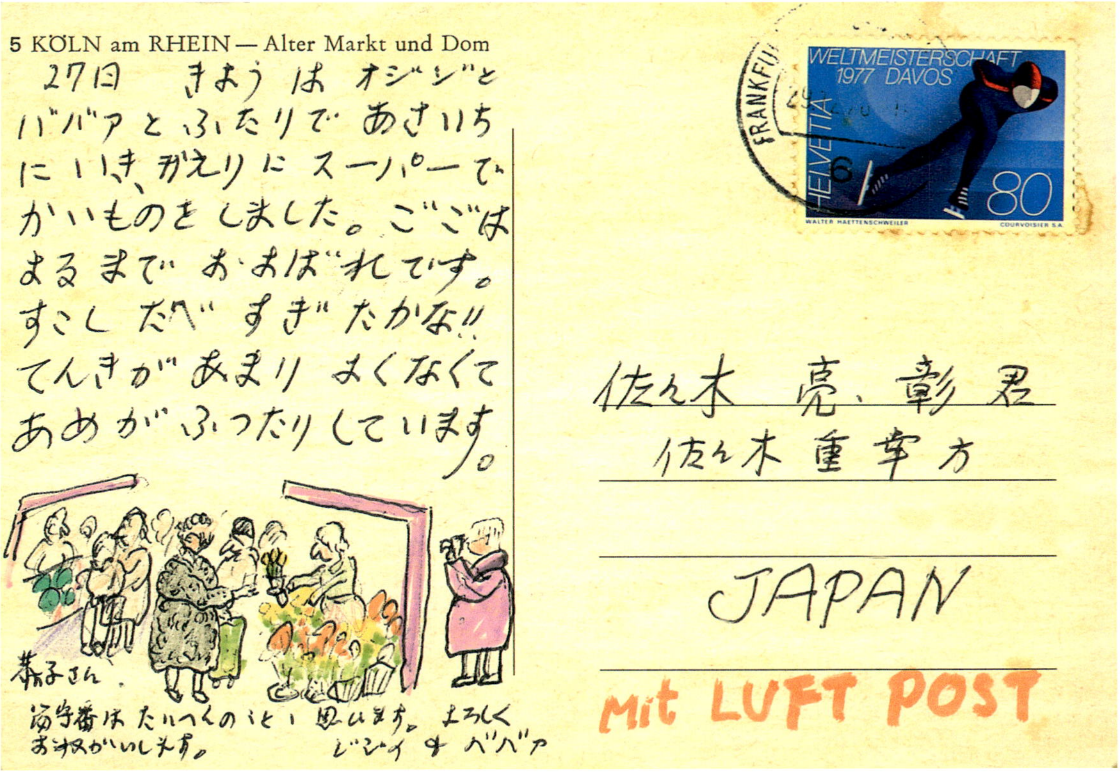
5 KÖLN am RHEIN — Alter Markt und Dom

27日　きょうはオジジとババアとふたりであさいちにいき、かえりにスーパーでかいものをしました。ごごはよるまでおおばれです。すこしたべすぎたかな!! てんきがあまりよくなくてあめがふったりしています。

恭子さん
留守番はたいへんのことと思います。よろしくお願いします。
ジジイ & ババア

佐々木亮、彰君
佐々木重幸方
JAPAN

Mit LUFT POST

あさいちにいき、スーパーで　かいものを　しました。

1978年12月27日　ケルン

KÖLN AM RHEIN
Stadtblick mit Dom und Hauptbahnhof
28日ババとふたりでまちにかいものとけんぶつにでました。まいにちあめでしゃしんがとれずジジイはうらめしそうにそらをながめています。まちはクリスマスのかざりできれいです。
KÖLN
ジジイとババ
FARBAUFNAHME: HORST ZIETHEN
FF 104
ソーセージのたちぐいもしました。
KÖLNER–ANSICHTSKARTEN–VERLAG Gertrud Ziethen, 5024 Pulheim/Sinthern, An der Oelmühle 6 · Tel.: (02238) 54438
DEUTSCHE BUNDESPOST
30
FLUGHAFEN BERLIN–TEGEL
DEUTSCHE BUNDESPOST BERLIN 50
佐々木亮・彰君
佐々木重幸方
JAPAN
LUFT POST
Nachdruck verboten

まちは　クリスマスの　かざりで　きれいです。

1978年12月28日　ケルン

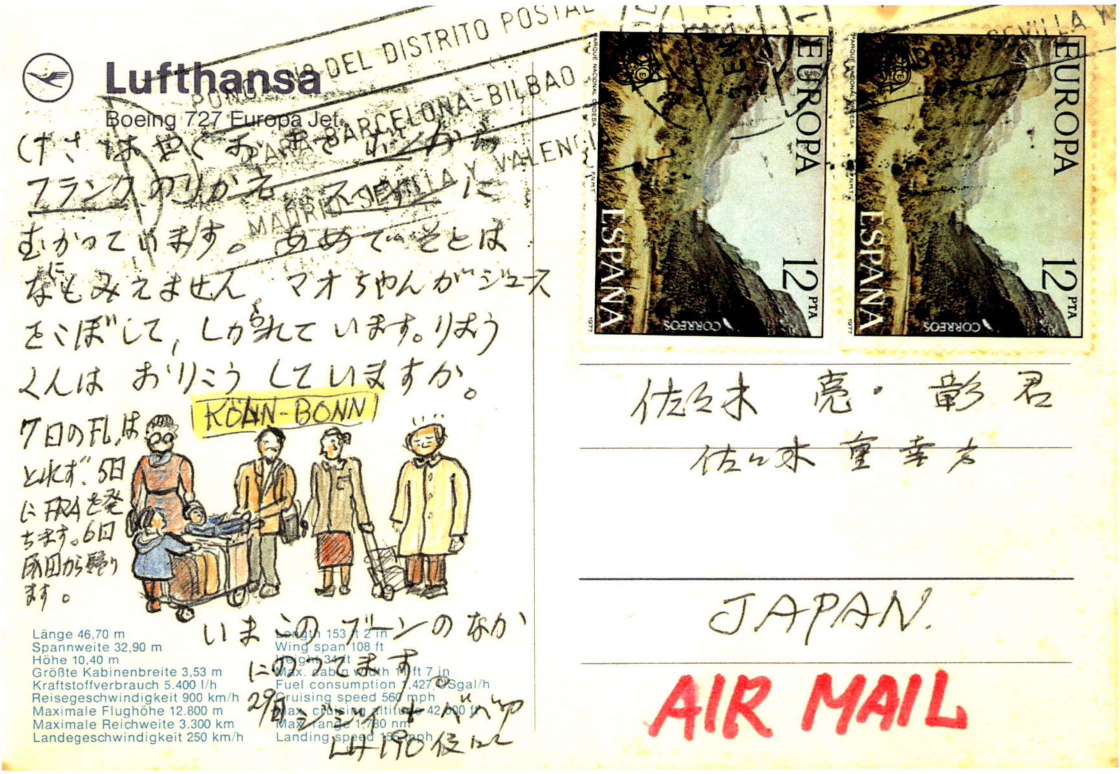

スペインに　むかっています。

1978年12月29日　ケルン

ぶじ マドリットについて ひさしぶり
にたいようをみたようです。パパ
とおくさんは プラド びじゅつかん
にいきました。ジジーはすこし
おさんぽをしました。とても
にぎやかで おまつりのよう
です。あす マラガにいき
ます。そこに3にちぐらい いる
つもりです。
Neptuno
Oriente
Puerta del Sol
Plaza de España
のちかくの ホテルです。
DOMINGUEZ - MADRID
佐々木亮彰くん
佐々木重幸方
JAPAN
Ediciones FISA - Palaudarias, 26 - Barcelona - Printed in Spain
AIR MAIL
ESPAÑA
EUROPA

ひさしぶりに たいようを みたようです。

1978年12月29日 マドリッド

MADRID de noche
TIO PEPE

1158.- COSTA DEL SOL - TORREMOLINOS
Vistas diversas
Vues diverses
Various views
Verschiedene Ansichten

あさ はやく マドリッド をたって マラガ につきました。ケルンとちがって たいようが いっぱい というところです。よるは 三にんで フラメンコをみに いきました。ジジイも あたたかで、このうえなし です。
うみのそばの ホテルです。

佐々木りょう、しょうくん
佐々木 寛幸方
JAPAN

AIR MAIL

ケルンと ちがって たいようが いっぱい。

1978年12月30日 マラガ

8日 トレモリノス Villa sol にて ジジイ&バハア

13 - MIJAS
Iglesia de la Inmaculada.
Église de l'Immaculée.
Church of the Inmaculada.

きょうは いよいよ おおみそかです。それでも、こちらは あまりなんともないようです。ロンダといふところにいきかけたのですが、みちがっとおれずひきかえして、ちかくのいなか をまわりました。
あめがふったり たいようがでたり。やまの方はくもがいっぱい

佐々木亮・彰くん。
佐々木重幸方
JAPAN
AIR MAIL

ちかくの いなかを まわりました。

1978.12.31 トレモリノス

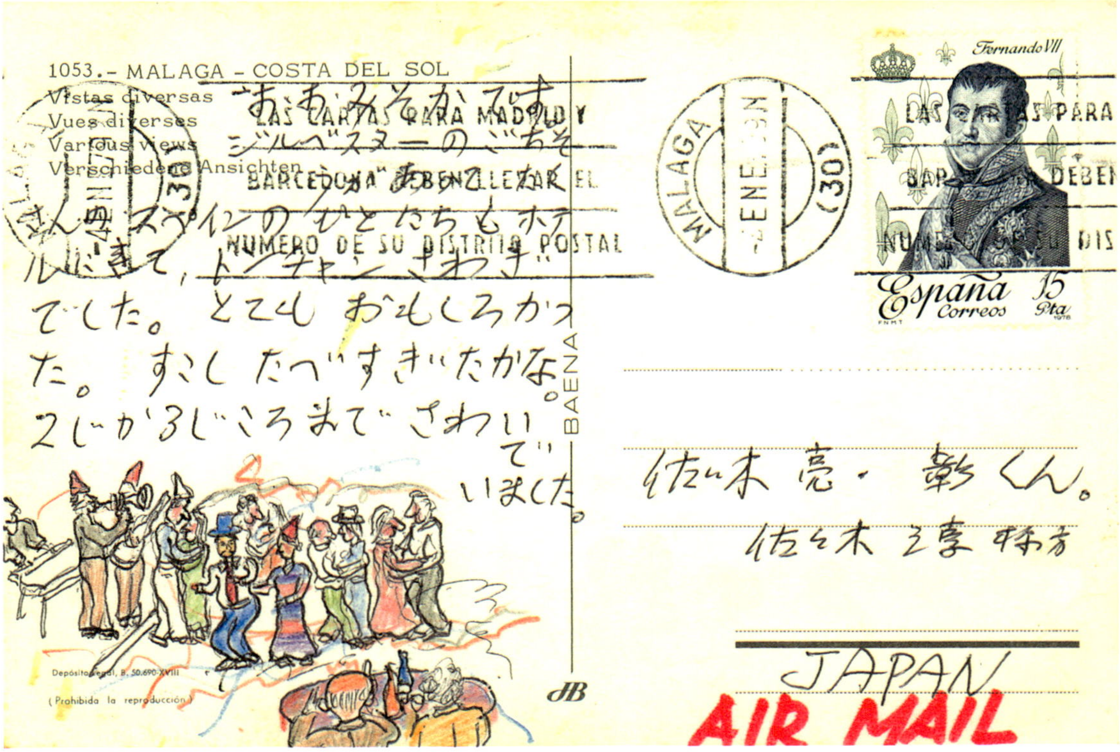
1053.- MALAGA - COSTA DEL SOL
Vistas diversas
Vues diverses
Various views
Verschiedene Ansichten
LAS CARTAS PARA MADRID Y BARCELONA DEBEN LLEVAR EL NUMERO DE SU DISTRITO POSTAL
MALAGA
(30)
Fernando VII
España Correos 15 Pta
BAENA
スペインのひとたちもホテルにきて、ドンチャンさわぎでした。とてもおもしろかった。すこしたべすぎたかな。2じか3じごろまでさわいでいました。
JAPAN
AIR MAIL
Depósito Legal, B. 50.690-XVIII
(Prohibida la reproducción)

2じか　3じころまで　さわいでいました。

1978年12月31日　マラガ

MALAGA

きのう(31日)あめでだめだったので　きょう(1日)ふるいまちのロンダにいきました。やまを二つもこえて、とてもきれいなまちでした。おしろにいくときに、えはがきのようなたかいはしがあって　おしりをもづもづさせながら　みんなながめてます。

あけましておめでとう

1月1日　ジジイとババア

Nº 4 RONDA (Costa del Sol)
Vista parcial y Tajo
Vue partielle et Tajo
Partial wieu and Tajo

GARRIDO DELGADO HNOS. RONDA

Fernando VII
España Correos 15 Pta 1978

佐々木りょうへいくん
佐々木淳　様方

JAPAN

Gráficas FIR - Montornés del Vallés - Teléf. 145 (Barcelona)
Impreso en España. Printed in Spain D.L. B. 15.379/XII
Prohibida la reproducción

AIR MAIL

ふるい　まちの　ロンダに　いきました。

1979年1月1日　ロンダ

ふくめんの　おんなも　たくさん　いました。

1979年1月2日　アルヘシラス

いしだたみの　まちを　カラコロ　ばしゃは　はしります。

1979年1月3日　機中

英国とアイルランド

1979年7月17日～28日

K-EM 543
VRE 825L

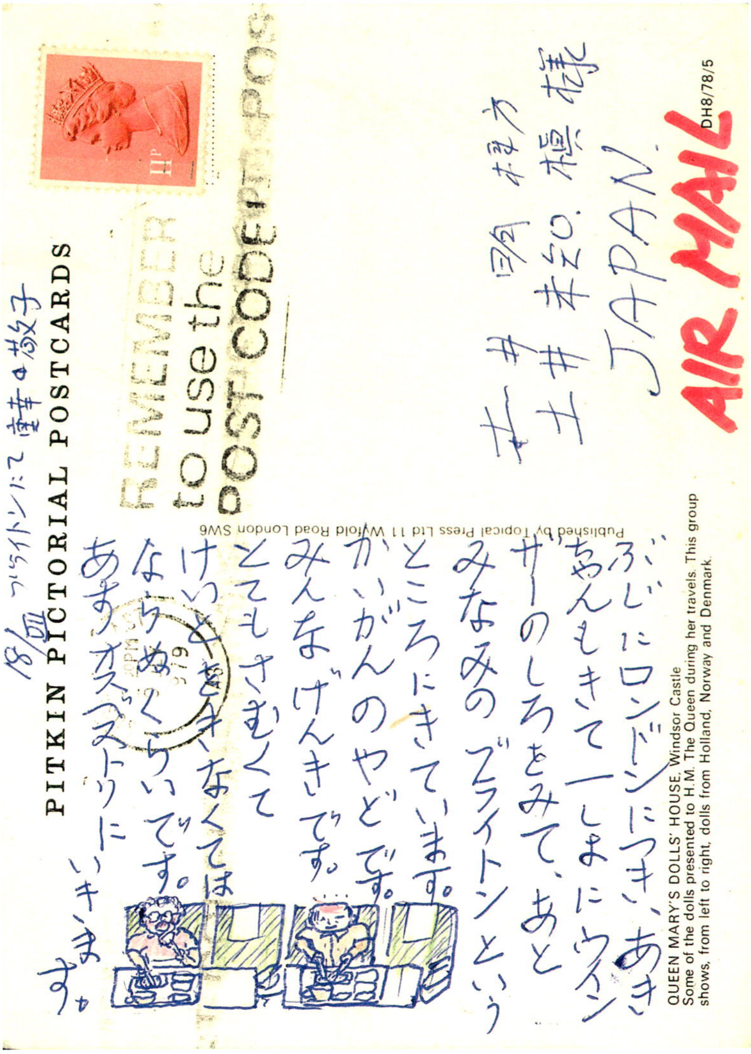
PITKIN PICTORIAL POSTCARDS
REMEMBER to use the POST CODE
AIR MAIL
DH8/78/5
QUEEN MARY'S DOLLS' HOUSE, Windsor Castle
Some of the dolls presented to H.M. The Queen during her travels. This group shows, from left to right, dolls from Holland, Norway and Denmark.
Published by Topical Press Ltd 11 Wyfold Road London SW6

さむくて
けいとを
きなくては
ならぬくらいです。

1979年7月18日　ブライトン

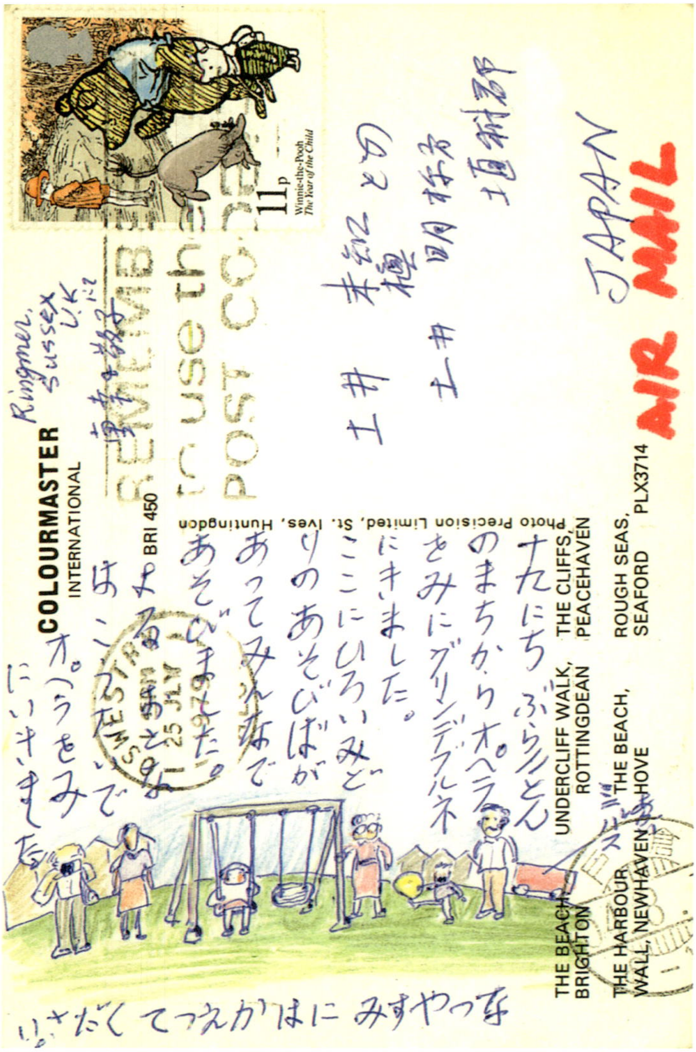

あそびばが　あって
みんなで
あそびました。

1979年7月19日　グラインドボーン

ジィちゃんが

きてから

あまり

ひが　てりません。

1979年7月20日　オスウェストリー

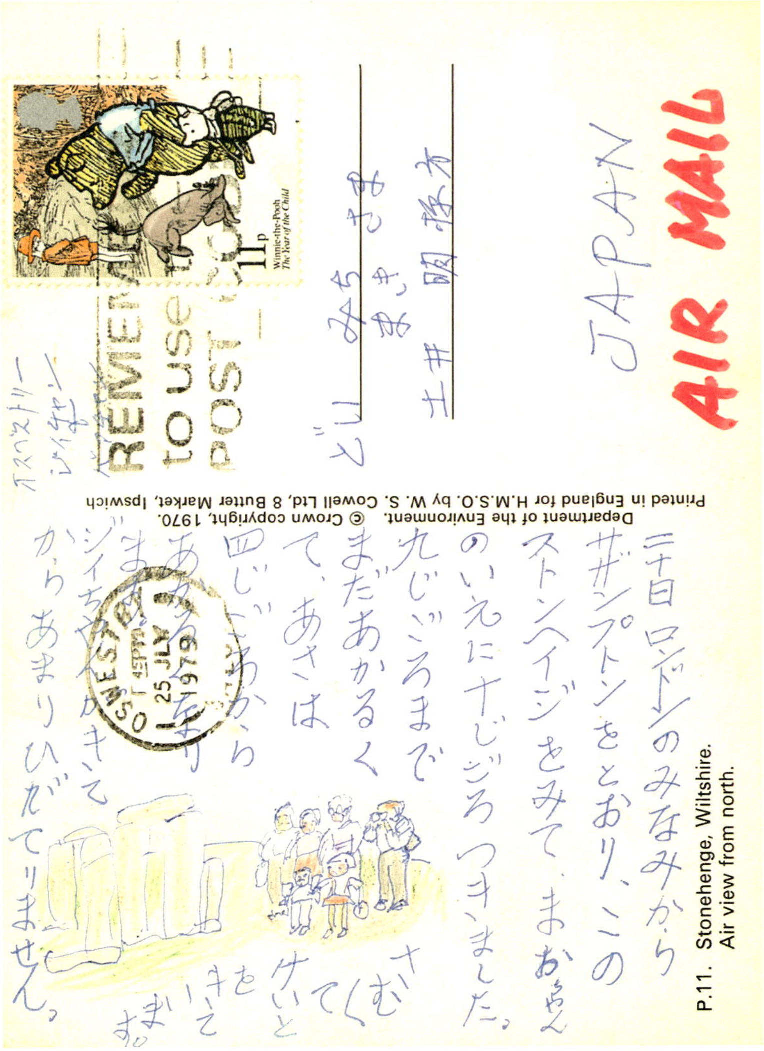

イギリスは

とても

きれいな　くにです。

1979年7月21日　ホリーヘッド

かもめが

たくさん

とんでいました。

1979年7月22日　ダブリン

AIR MAIL
JAPAN
二十二日きょうはあさ
はやくおきて、フェリー
にのって三じかん
がかってダブリン
というところにつ
きました。ふね
のなかではじい
ちゃんはぐっすり
ねていました。
かもめがたくさんとんでました。
IRELAND, an island, is the most westerly country in Europe and covers an area of 32,524 sq. miles. Its greatest length is 302 miles and its greatest width is 189 miles and no part is more than 70 miles from the sea. The country is divided into four historic provinces, Ulster, Munster, Leinster and Connacht. Ireland's fascination is legendary. The unique beauty of its landscape and its rich historic literary and artistic associations have long made it a favourite resort of tourists.
Printed and Published by John Hinde Limited, Cabinteely, Co. Dublin, Irish Republic.
Photos: John Hinde Studios.
JOHN HINDE ORIGINAL
2/482
IRELAND

IRELAND

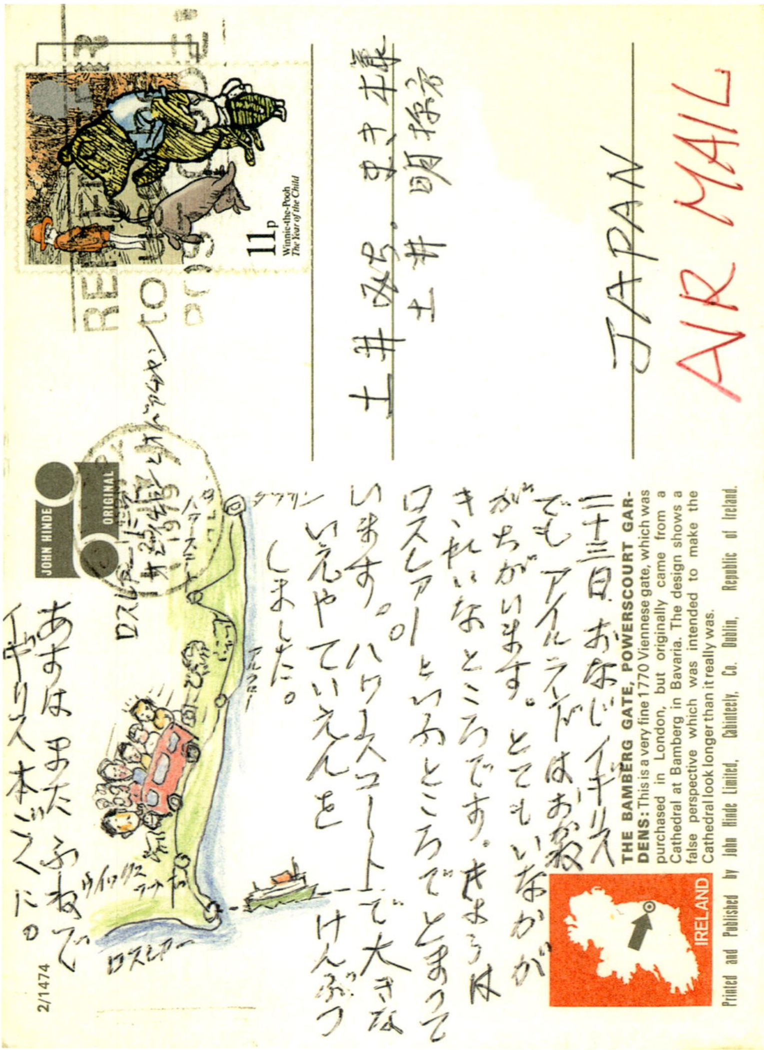
AIR MAIL
JAPAN
Winnie-the-Pooh
The Year of the Child
11p
JOHN HINDE ORIGINAL
THE BAMBERG GATE, POWERSCOURT GARDENS: This is a very fine 1770 Viennese gate, which was purchased in London, but originally came from a Cathedral at Bamberg in Bavaria. The design shows a false perspective which was intended to make the Cathedral look longer than it really was.
Printed and Published by John Hinde Limited, Cabinteely, Co. Dublin, Republic of Ireland.
IRELAND
2/1474
二十三日 おなじイギリスでもアイルランドはお家がちがいます。とてもいなかがきれいなところです。きょうはロスレアーというところでとまっています。ハワースコートで大きないえやていえんをけんぶつしました。
あすはまたふねでイギリス本ごくにの

The Bamberg Gate, Powerscourt Gardens, Enniskerry, Co.Wicklow, Ireland.
Photo: P. O'Toole, John Hinde Studios.

あすは
また
ふねで
イギリス本ごくに。

1979年7月23日　ロスレア

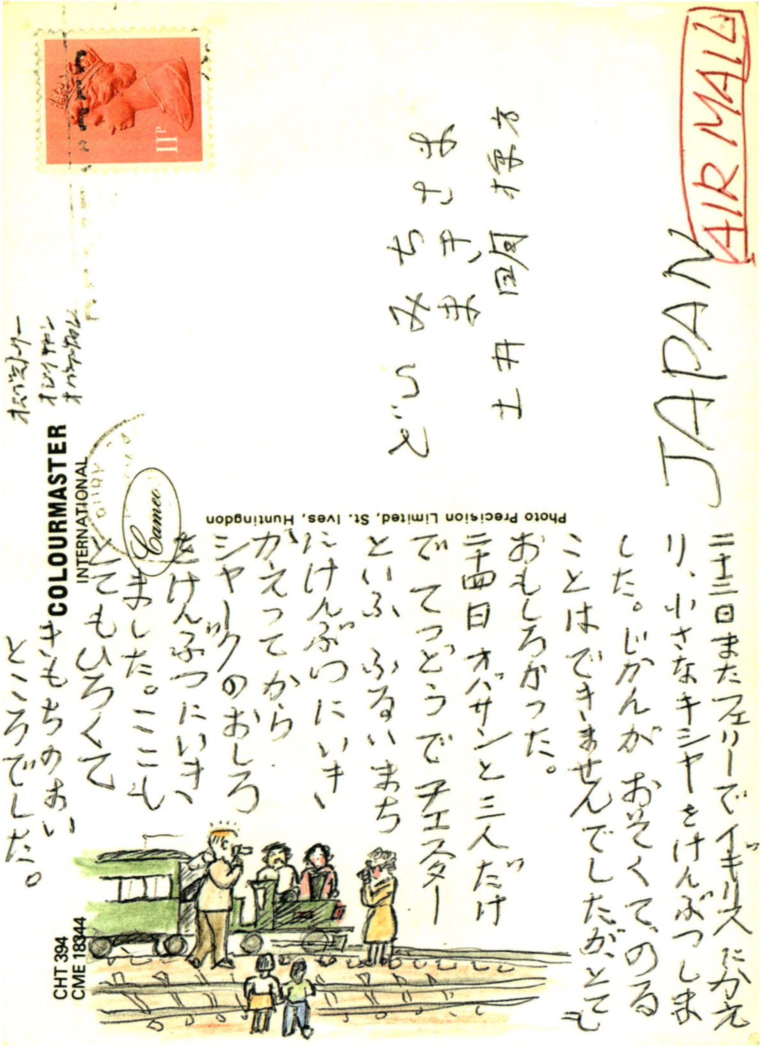
AIR MAIL
JAPAN
Photo Precision Limited, St. Ives, Huntingdon
COLOURMASTER INTERNATIONAL
CHT 394
CME 18344
二十三日またフェリーでイギリスにかえり、小さなキシャをけんぶつしました。じかんがおそくて、のることはできませんでしたが、とてもおもしろかった。二十四日オバサンと三人だけでてつどうでチエスターというふるいまちだけんぶつにいき、かえってからシャークのおしろをけんぶつにいきました。ここもとてもひろくてきもちのおいところでした。

小さな

キシャを

けんぶつしました。

1979年7月24日　オスウェストリー

The Rows, Chester

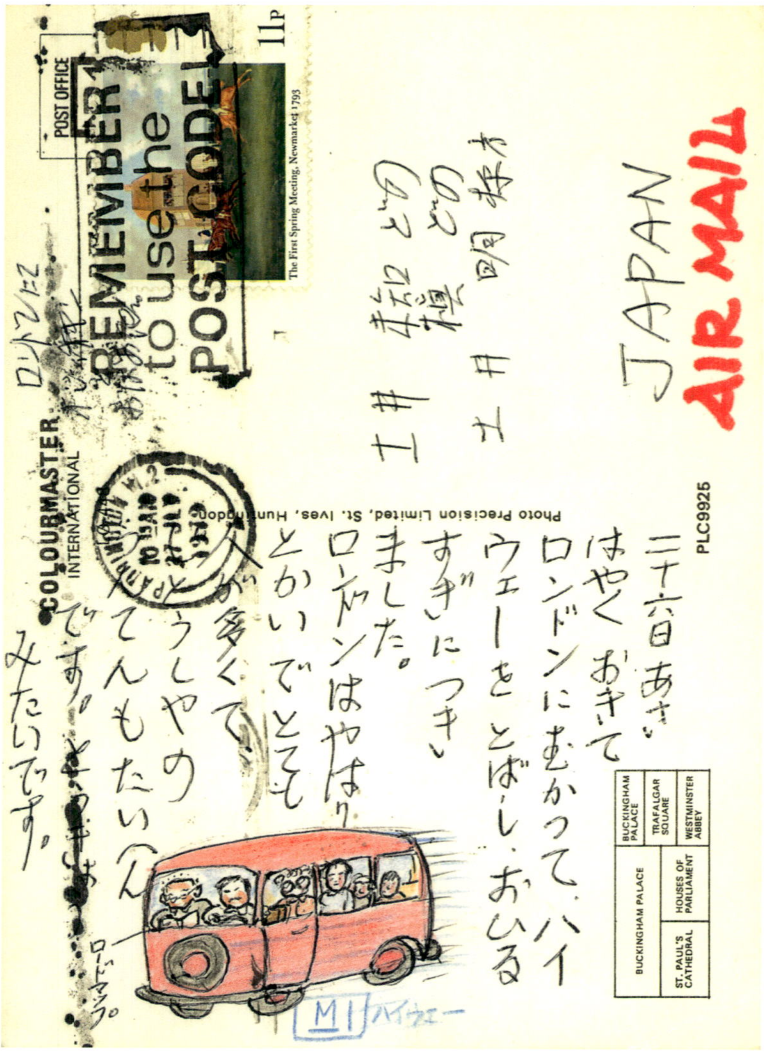

人が
多くて
じどうしゃの
うんてんも
たいへんです。

1979年7月26日　ロンドン

上2体・英国の人形　下左2体・カナダの人形　下右・ギリシャの人形

旅のおもいで

上3体・インディアンの人形　下左・ペルーの人形　下右2体・ネパールの人形

香港とバリ島

1980年12月28日〜1月4日

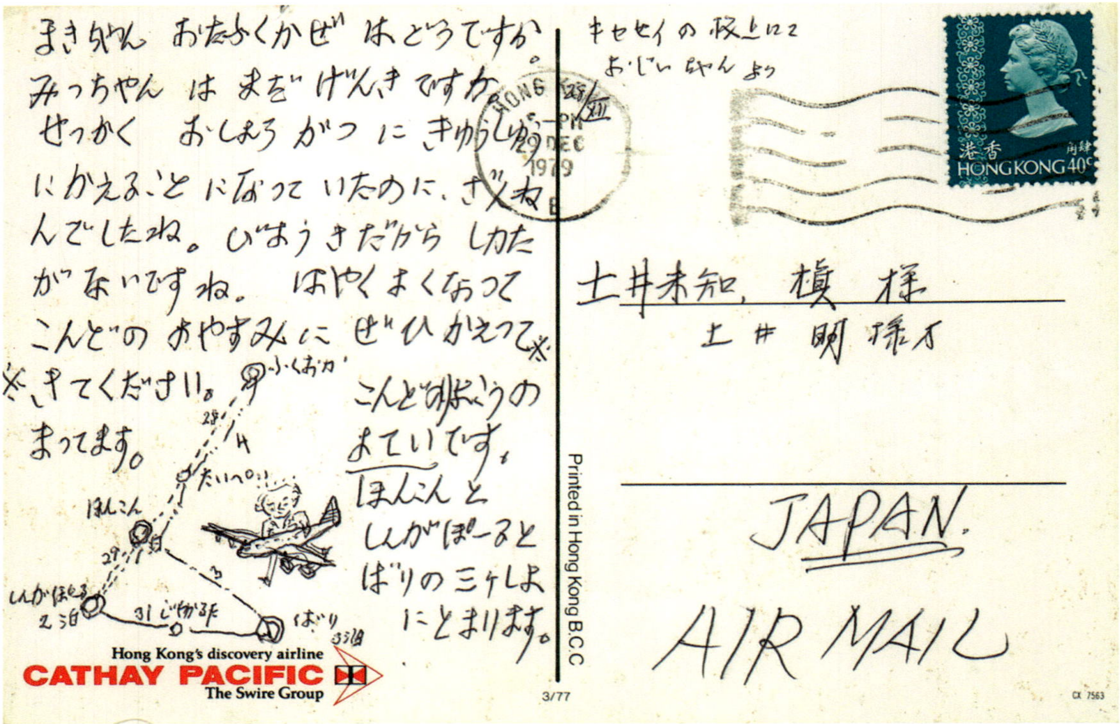
まきちゃん おたふくかぜ はどうですか。
みっちゃん は まだ げんき ですか。
せっかく おしょうがつ に きゅうしゅう
にかえること になっていたのに、ざんね
んでしたね。びょうきだから しかた
がないですね。はやくよくなって
こんどの おやすみに ぜひかえって※
※きてください。
まってます。
こんどの りょこうの
よていです。
ほんこん と
しんがぽーると
ぱりの 三ヶしょ
にとまります。
キャセイの機上にて
おじいちゃんより
土井未知、槙 様
土井 明 様方
JAPAN.
AIR MAIL

こんどの りょこうの よていです。

1979年12月28日　機中

CAUSEWAY ROAD,
HONG KONG.
29日 ホンコンより
あさ いつものように
いちばにいき、やさい
やくだものや、にくに
さかなをたくさん みました。
おかゆをたべました。とて
もおいしかった。
POST
CARD
POSTAGE
4 บาท BAHT
ประเทศไทย THAILAND
JAPAN
AIR MAIL
N893
PUBLISH BY National co.

おかゆを　たべました。
とても　おいしかった。

1979年12月29日　香港

SINGAPORE HILTON
ORCHARD ROAD,
SINGAPORE 9,
CABLES: HILTELS.
TEL: 372233

シンガポール・ヒルトン
シンガポール市オーチャードロード
ケーブル・アドレス: HILTELS
電話: 372233

ばんこっく から ハガキを だしてすぐ ひこうきが こしょうの はっぴょうが あり、やく 8-9じかん おくれて よなかの3じごろ やっと べつの ひこうき(ほんこんからよびよせたの)で、けさの 5じすぎに ここに つきました。みんな ねていました。

POST
AIR
REPUBLIK INDONESIA 75
PELITA REPUBLIK INDONESIA 25
AIRMAIL

Printed in Singapore by S. Kesava Private Limited

といみちまきさま
土井明様方

AIRMAIL JAPAN

みんな ねていました。

1979年12月31日　シンガポール

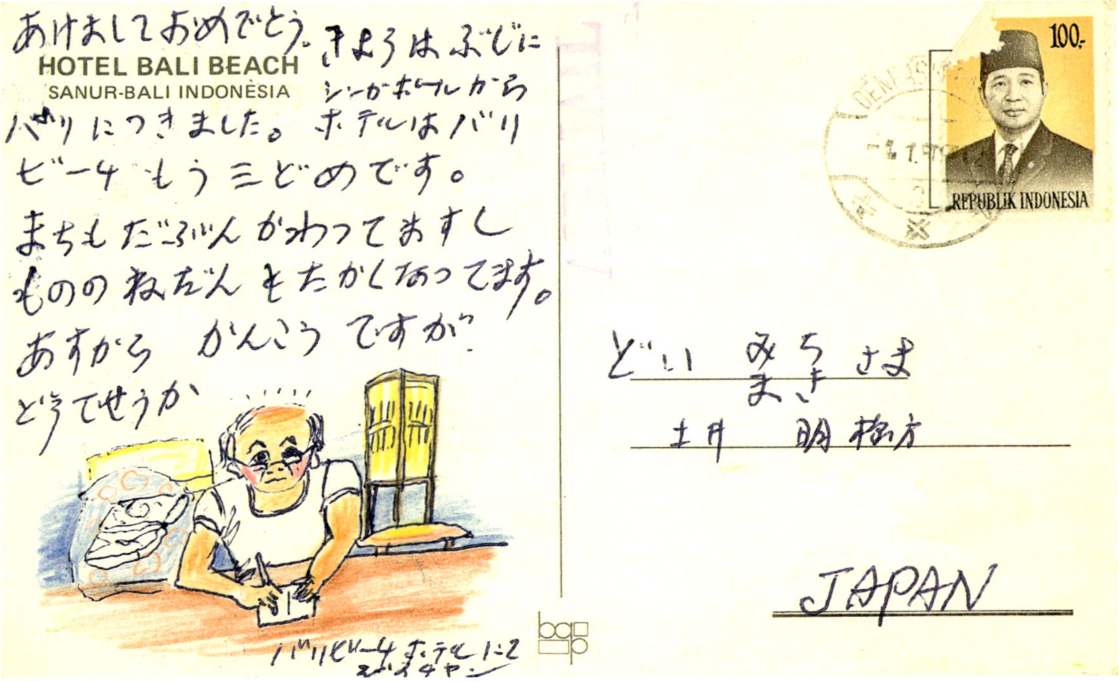
あけましておめでとう きょうはぶじに
HOTEL BALI BEACH
SANUR-BALI INDONESIA
シンガポールから
バリにつきました。ホテルはバリ
ビーチ もう三どめです。
まちもだいぶんかわっておるし
もののねだんもたかくなってます。
あすから かんこうですが
どうでせうか
100,-
REPUBLIK INDONESIA
JAPAN
バリビーチホテルにて

シンガポールから　バリに　つきました。

1979年12月31日　バリ島

WE KNOW BALI BEST
A COMPLETE WORLD OF RECREATION FACILITIES
HOTEL BALI BEACH
INTER•CONTINENTAL
ここの一階にとまってます。
SHOPPING ARCADES
BANKING FACILITIES
POSTAL SERVICES
8 FOOD & BEVERAGE OUTLETS
TOURS & TRANSFERS – BALINESE DANCE PERFORMANCES – CONVENTION & BANQUET FACILITIES – MEDICAL SERVICE

いまバリはあめがおおく おてんきがあまりよくありません。でもときどきたいようがでます。かさはいらないくらいです。きようはいなかめにいきました。
どい みち ままどの
土井 明方
25
PELITA REPUBLIK INDONESIA
75
REPUBLIK INDONESIA
BALINESE RAMAYANA DANCE: HANOMAN, SHINTA AND TWO OF HER MAID-SERVANTS.
PS - A18
JAPAN
AIR MAIL

おてんきが　あまり　よくありません。

1980年1月1日　バリ島

2日きょうは キンタマニーといふ
POST CARD
寺院に供物の飾り物を運ぶバリーの婦人達
ところにいきました。ここはやま
でとても すずしかった。
よるは ケチャダンスをみにいき
がくやで おけしょうしている
ところを うつしました。
あめがおおくて、ちょっと
ざんねんです。あすは
ホンコンえ。
"COLOR PHOTOGRAPH BY INOUE"
DAIICHI
268
HONG KONG
5 PM
4 JAN
1980
香港 HONG KONG 40c
土井 未知 さま
槙 さま
土井 明様方
JAPAN
AIR MAIL

キンタマニーといふところに　いきました。

1980年1月2日　バリ島

Balinese women carry their ornamental offerings to their temple.

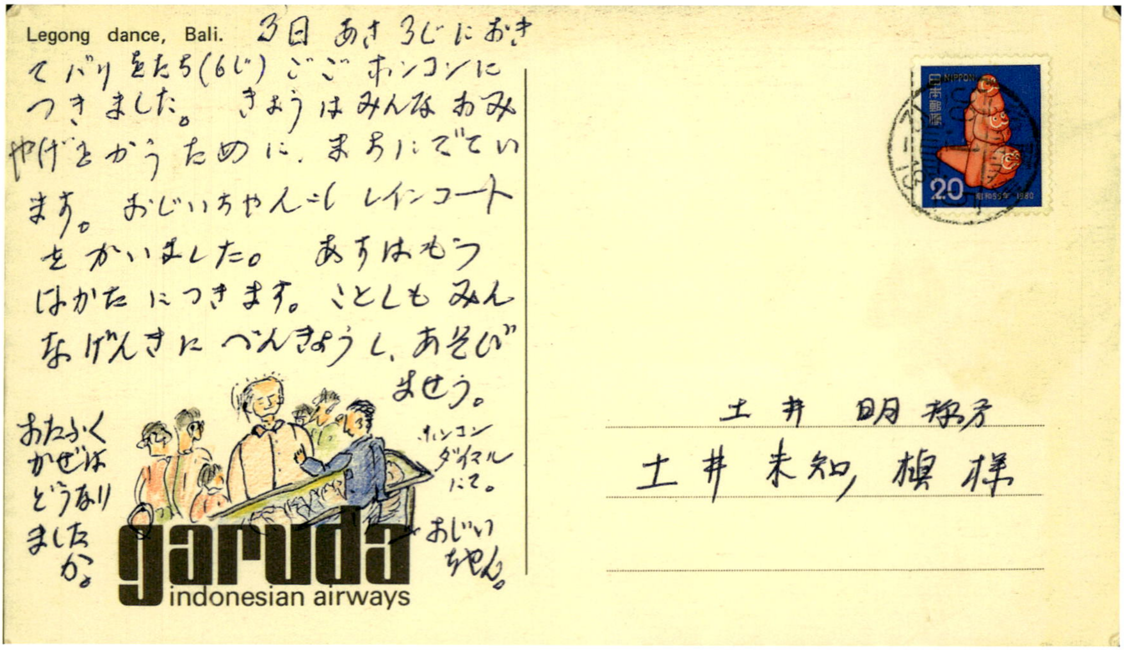
Legong dance, Bali.

3日 あさ 3じ に おきて バリ をたち(6じ) ごご ホンコンに つきました。 きょうは みんな おみやげを かう ために、まちに でています。 おじいちゃんに レインコートを かいました。 あすは もう はかた に つきます。 ことしも みんなげんきに べんきょうし、あそびましょう。

おたふくかぜは どうなりましたか。

ホンコン ダイマル にて。

おじいちゃん。

garuda
indonesian airways

土井 明 様方
土井 未知、槙 様

あすは もう はかたにつきます。

1980年1月3日　香港

北米

1981年8月21日〜30日

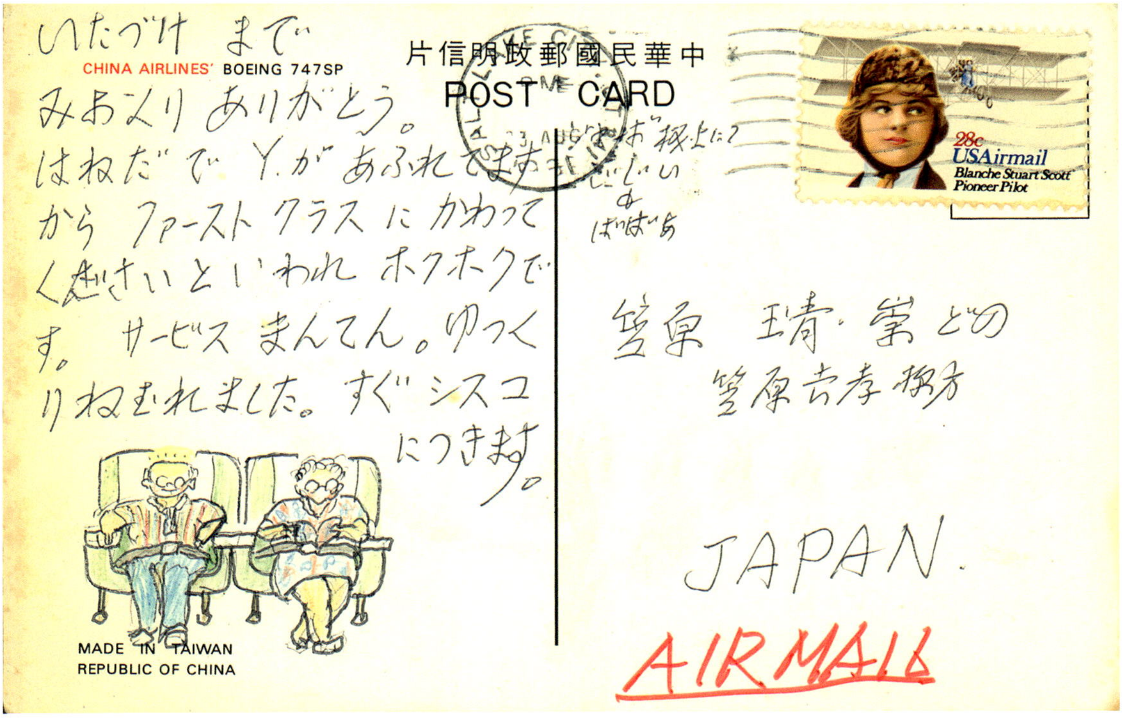
いたづけ まで
CHINA AIRLINES' BOEING 747SP
片信明政郵國民華中
POST CARD
みおくり ありがとう。
はねだ で Y.が あふれてます
から ファースト クラス に かわって
ください といわれ ホクホクで
す。 サービス まんてん。ゆっく
りねむれました。すぐ シスコ
につきます。
28c USAirmail Blanche Stuart Scott Pioneer Pilot
JAPAN.
AIRMAIL
MADE IN TAIWAN
REPUBLIC OF CHINA

「ファーストクラスに　かわってください。」

1981年8月21日　機中

CHINA AIRLINES
このあたりにのりました。

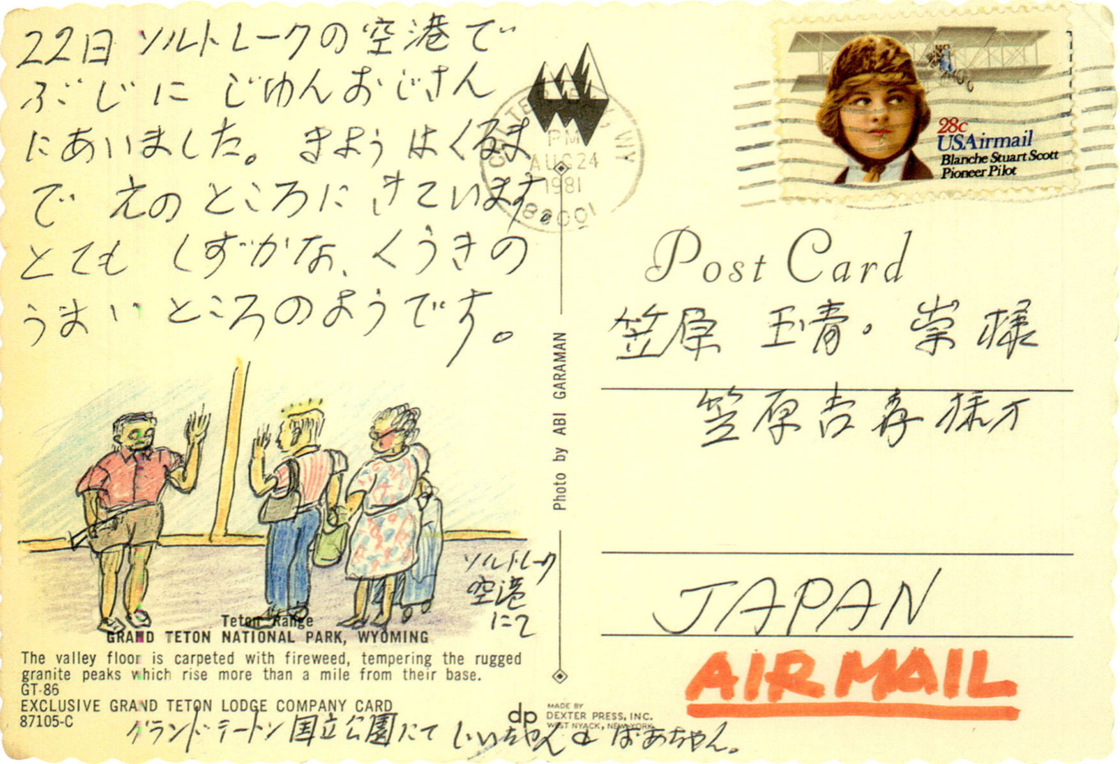
22日 ソルトレークの空港で ぶじに じゅんおじさん にあいました。きょうはくるまで えのところにきています。とても しずかな、くうきの うまい ところのようです。
ソルトレーク空港にて
Teton Range
GRAND TETON NATIONAL PARK, WYOMING
The valley floor is carpeted with fireweed, tempering the rugged granite peaks which rise more than a mile from their base.
GT-86
EXCLUSIVE GRAND TETON LODGE COMPANY CARD
87105-C
グランドテートン国立公園にて じいちゃん と ばあちゃん。
Photo by ABI GARAMAN
MADE BY DEXTER PRESS, INC. WEST NYACK, NEW YORK
PM AUG 24 1981
28c US Airmail Blanche Stuart Scott Pioneer Pilot
Post Card
笠原 玉晴・崇様
笠原吉春様方
JAPAN
AIR MAIL

とても しずかな くうきの うまい ところのようです。

1981年8月22日 グランドティトン国立公園

23日 きょうはイエローストーンにはいり、ひとまわりしました。したにかいたムースとゆうしかと、おもてのバイソンをみました。おそるおそるじやしんをとりました。ジュンおじさんとおばあちゃんはわらってみていました。
笠原宗殿
笠原吉孝様方
JAPAN.

おそるおそる しゃしんを とりました。

1981年8月23日　イエローストーン

カナダ アルバータ州
ウォータートン国立公園にて
じじい
とばばあ
WATERTON LAKES NATIONAL PARK
Upper left picture shows a view from Crandell Mountain looking south over Prince of Wales Hotel, Waterton Village and across International Boundary into Glacier Park. The other views are Red Rock Canyon, Cameron Falls and Cameron Lake.
Stelling
COLOR CARD
Canada
CANADA
CANADA
Address
25にち たかいやまを こえて
きょう カナダがわの やま
ごやに とまっています。と
ても けしきの よいところで
す。えの やまは 3.000m
よりたか
いやまで
三にん たって
るところは
2,026mです。
スイスのようです。
JAPAN
Air Mail Par avion
© STELLING AGENCIES LTD.
Box 465, Sta. A. Vancouver, B.C.
V6C 2N2
Printed in U.S.A.

三にん たってる ところは 2,026mです。

1981年8月25日 ウォータートン国立公園

WATERTON PARK
ALBERTA, CANADA

26にち
ウオタートン こおえんから
また ひろい ひろい のおじょうや ぼく
じょうの なかを とおって カルガリー
につきました。 にほんりょおりの みせ
に いきましたが おすしがなくて
ざんねん!! すきやきを
たべています。
Photo: Don Harmon ©
JOHN HINDE ORIGINAL
REMOTE OUTPOST · NEW NATION BUILDING WESTWARD
USA 28c
Distributor: Byron Harmon Photos, Banff, Alberta, Canada.
FROM THE ROOF OF THE
CANADIAN ROCKIES
MOUNT EDITH CAVELL (3,363 m) is one of the most impressive peaks in the Canadian Rockies. This view shows it looming above Cavell Lake, a lake fed by the meltwater stream of Angel Glacier which lies on the north face of Mount Edith Cavell.
Printed and Published by John Hinde Limited, Cabinteely, Co. Dublin, Republic of Ireland.
JAPAN
Air Mail Par avion

おすしがなくて ざんねん!! すきやきを たべています。

1981年8月26日 カルガリー

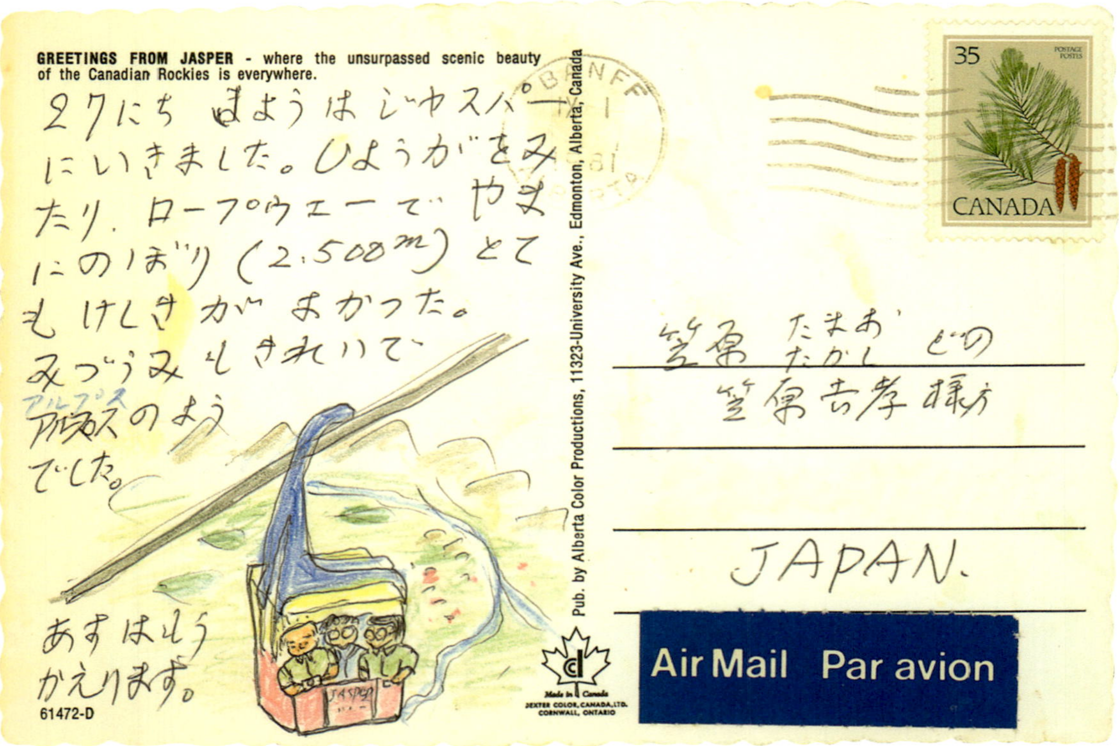
GREETINGS FROM JASPER - where the unsurpassed scenic beauty of the Canadian Rockies is everywhere.
27にち　ジャスパーにいきました。ひょうがをみたり、ロープウエーでやまにのぼり(2.500m)とてもけしきがよかった。
みづうみもきれいで
アルプスのようでした。
かえります。
61472-D
Pub. by Alberta Color Productions, 11323-University Ave., Edmonton, Alberta, Canada
Made in Canada
DEXTER COLOR, CANADA, LTD.
CORNWALL, ONTARIO
BANFF
35
POSTAGE POSTES
CANADA
JAPAN.
Air Mail　Par avion

みづうみも　きれいで　アルプスのようでした。

1981年8月27日　ジャスパー

Greetings from JASPER

台湾

1981年11月21日～24日

林進福
主
TEL 9229212

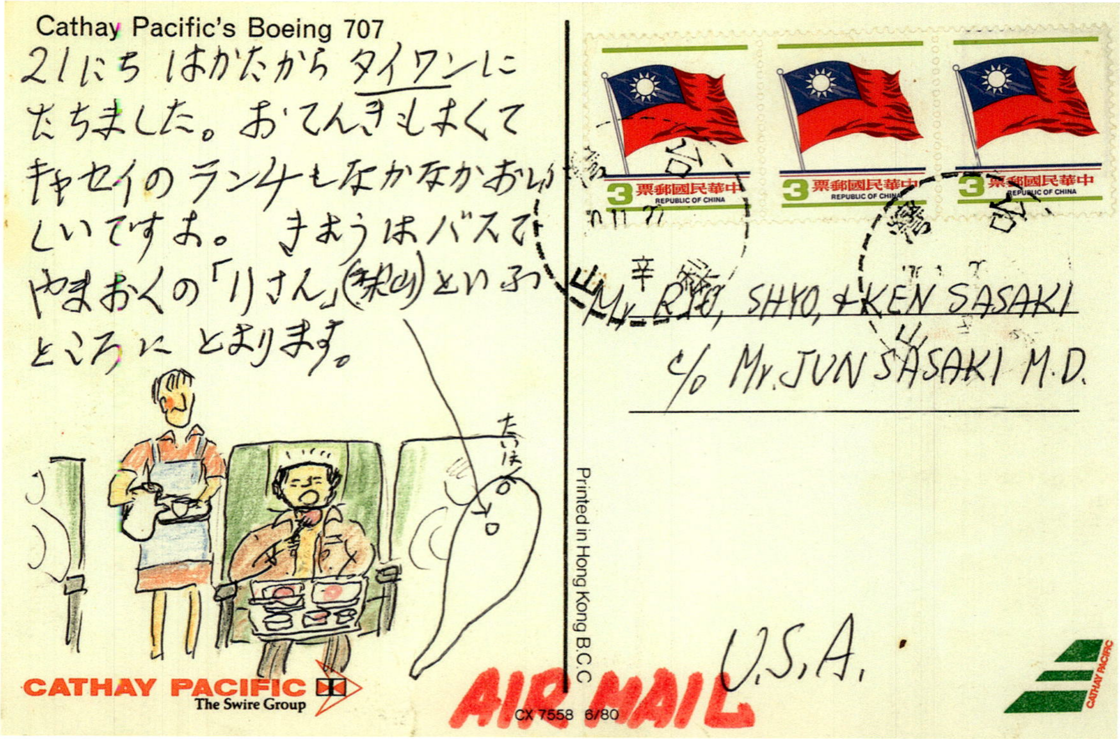

キャセイの　ランチも　なかなか　おいしいですよ。

1981年11月21日　機中

22にち りざんにとまりました。
きのうはよるでわかりませんでしたが、またきょうくだるときはたかいところをとおっておそろしいようでした。
バスはグラスとおなじワーゲンのバスでした。
いまありさんにつきました。
Jijiより
Beautiful sunrise at Mt. Ali TAIWAN covered with snow
冬を迎えると峯々は雪に蔽われ銀色の世界となります。雪景色に見る日の出は又格別美しく、阿里山風景の一つであります。
阿里山雲海日出
中華民國郵票
REPUBLIC OF CHINA
中華民國航空郵票
REPUBLIC OF CHINA
23.11.81
TAIWAN CHINA
Mr Ryo Shyo Ken SASAKI
c/o Mr. JUN SASAKI M.D
U.S.A.
AIR MAIL
PAR AVION
航空

たかいところを　とおって　おそろしいようでした。

1981年11月22日　阿里山

GALA HOTEL
186, SUNG CHIANG RD. TAIPEI, TAIWAN
REP. OF CHINA TEL:(02)541-5511(20Lines)
CABLE:GALATEL TAIPEI
TELEX: 28453 GALATEL
RESERVATION:(02)571-1807

23にちありさんで
きよう はとても
きれいな うんかいが みえました。あまり さむく
ありませんでした。それから やまを おり、ブルートレーンで たいほくに来きて、あしたかえります。

POST
中華民國郵票
REPUBLIC OF CHINA
蘇澳港

Mr. RHO SHYO KEN SASAK
c/o Mr. JUN SASAKI. MD.
U.S.A.
AIR MAIL

慶泰大飯店
台灣省台北市松江路186號 TEL: (02)541-5511(20線)
The Gala where exciting things happen!

たいほくにて JiJiより

とても　きれいな　うんかいが　みえました。

1981年11月23日　台北

タイ

1982年2月11日〜15日

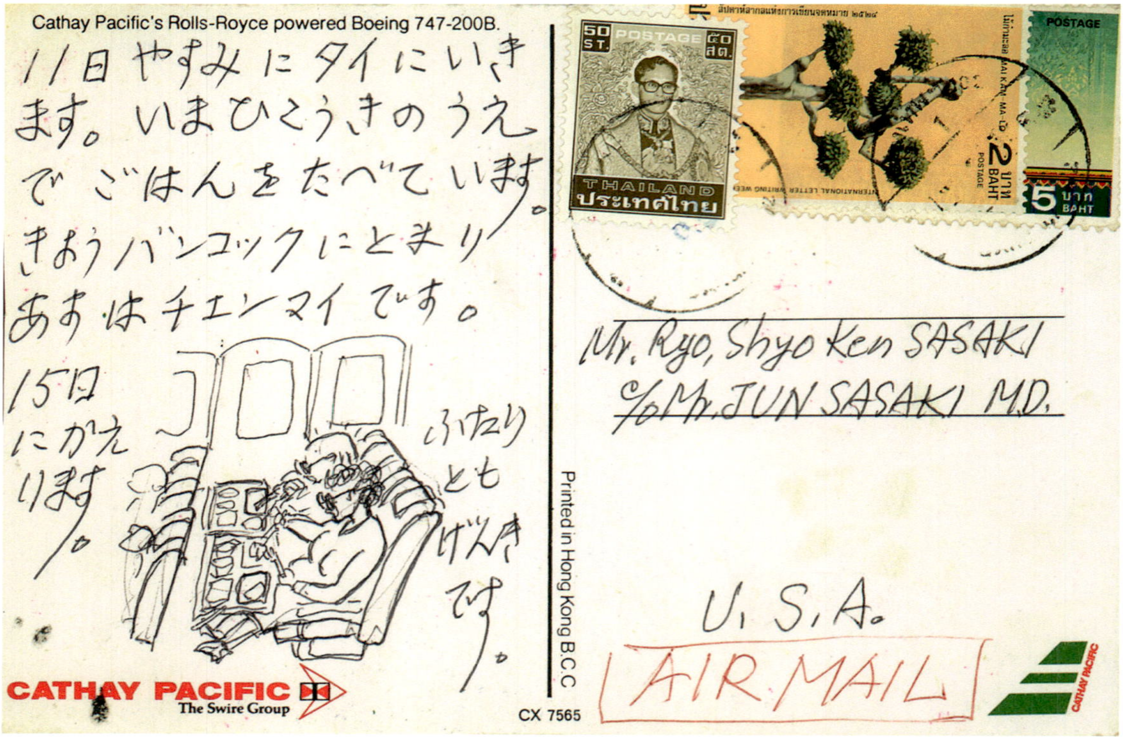
Cathay Pacific's Rolls-Royce powered Boeing 747-200B.
11日やすみにタイにいきます。いまひこうきのうえでごはんをたべています。
きおうバンコックにとまりあすはチエンマイです。
15日にかえります。
ふたりともげんきです。
CATHAY PACIFIC
The Swire Group
Printed in Hong Kong B.C.C
CX 7565
50 ST. POSTAGE
THAILAND
2 BAHT POSTAGE
POSTAGE
5 BAHT
Mr. Ryo, Shyo Ken SASAKI
c/o Mr. JUN SASAKI M.D.
U.S.A.
AIR MAIL
CATHAY PACIFIC

いま　ひこうきの　うえで　ごはんを　たべています。

1982年2月11日　機中

A group of pagodas in Wat-Pho, the popula temple for all tourists paying a visit while in Bangkok.
11日よるバンコックについて
タイのおどりをみました。
とてもきれいでした。
タイのごはんもたべましたよ。
なかなかおいしかった。
PHORNTHIP PHATANA LTD., PART. TEL. 233-5289
A 259
Post Card
THAILAND
POSTAGE
6 BAHT
1.50 BAHT
Mr. Ryo, Shyo, Ken SASAKI
c/o Mr. Jun SASAKI M.D.
U.S.A.
AIR MAIL

バンコックに　ついて　タイの　おどりを　みました。

1982年2月11日　バンコク

12にち あさはやく
マーケットに
いきました。ここでは みんな おふねで いったりきたり しています。おみせも みずの そばに あります。くだものも ふねで うりに きます。
ชาวเขา เชียงใหม่
CHOW KHOW, CHIENGMAI
Siam Stationery Ltd. Part. Bangkok. Thailand Tel 4663397
POSTAGE
THAILAND
SIAM CARD
AIR MAIL
Mr. Ryo, Shyo. Ken SASAKI
c/o Mr. JUN. SASAKI M.D.
U.S.A.
AIR MAIL
NO.043
くだもの
らーめん

ここでは　みんな　おふねで　いったりきたり　しています。

1982年2月12日　チェンマイ

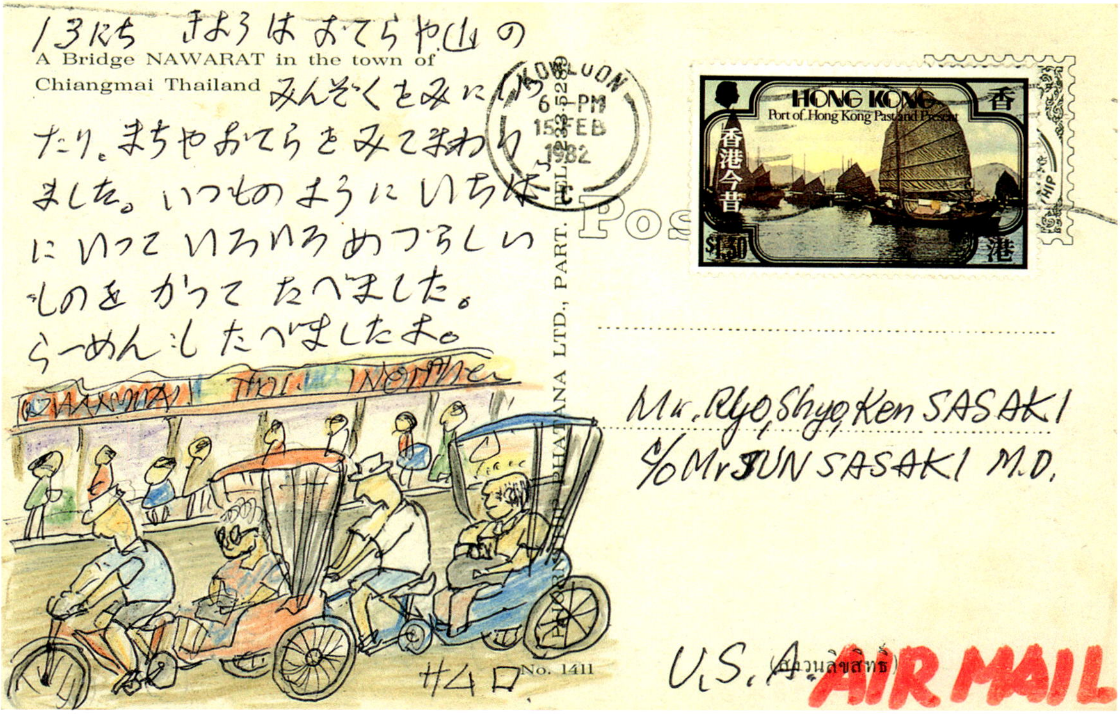
13にち きょうは おてらや山の
A Bridge NAWARAT in the town of
Chiangmai Thailand
みんぞくをみに
たり。まちやおてらをみてまわり
ました。いつものように いちば
にいって いろいろめづらしい
ものを かって たべました。
らーめんもたべましたよ。
KOWLOON
6-PM
15 FEB
1982
HONG KONG
Port of Hong Kong Past and Present
香港今昔
$1.30
香
港
POS
Mr. Ryo, Shyo, Ken SASAKI
c/o Mr JUN SASAKI M.D.
U.S.A.
AIR MAIL
No. 1411

いろいろ めづらしいものを かって たべました。

1982年2月13日　チェンマイ

ネパール

1982年12月21日〜27日

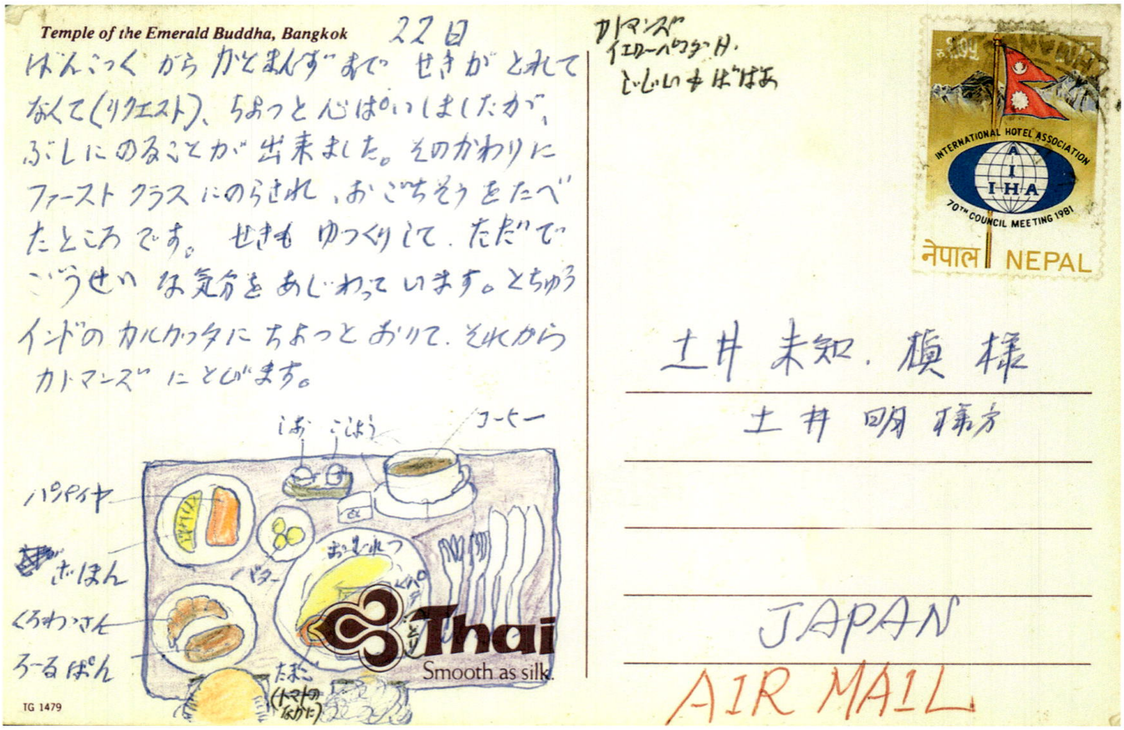
Temple of the Emerald Buddha, Bangkok

22日

ばんこっく から かとまんず まで せきが とれて
なくて（リクエスト）、ちょっと心ぱいしましたが、
ぶじにのることが出来ました。そのかわりに
ファースト クラス にのらされ、おごちそうをたべ
たところです。せきも ゆっくりして、ただで
ごうせいな気分をあじわっています。とちゅう
インドのカルカッタにちょっとおりて、それから
カトマンズにとびます。

しお こしょう コーヒー
パパイヤ
ごはん
バター
おむれつ
くろわっさん
ろーるぱん
たまご（トマトのなかに）

Thai
Smooth as silk.

TG 1479

カトマンズ
イエローパゴダH.

नेपाल NEPAL
INTERNATIONAL HOTEL ASSOCIATION
IHA
70TH COUNCIL MEETING 1981

土井未知様
土井明様方

JAPAN

AIR MAIL

ただで　ごうせいな　気分を　あじわっています。

1982年12月22日　機中

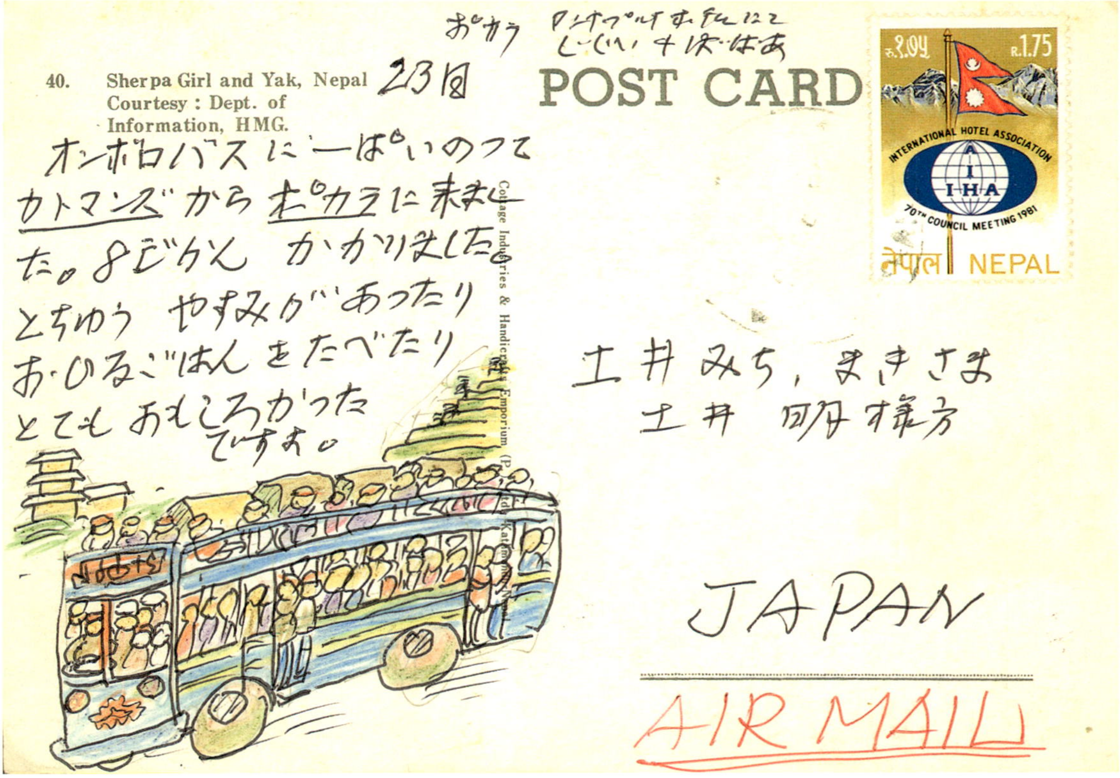

オンボロバスに　一ぱいのって
カトマンズから　ポカラに来ました。

1982年12月23日　ポカラ

24にち きょうは すこしくもがありましたが やまは白く かがやいて とてもにほんのアルプスなど およびもつかぬヒマラヤの力づよさがせまって来ました。フェワ湖にて舟にのって マチャプッチャリを みました。てんきがよくてゆっくりすることが出来ましたので最高でした。

おばあちゃんはいかがですか

ポカラにて じじいもばばあ

土井未知・慎様
土井明様方

JAPAN

AIR MAIL

ヒマラヤの　力づよさが　せまって来ました。

1982年12月24日　ポカラ

スリランカ

1983年2月9日〜14日

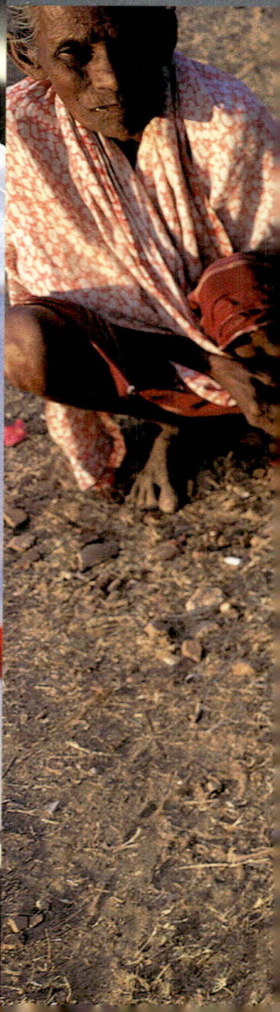

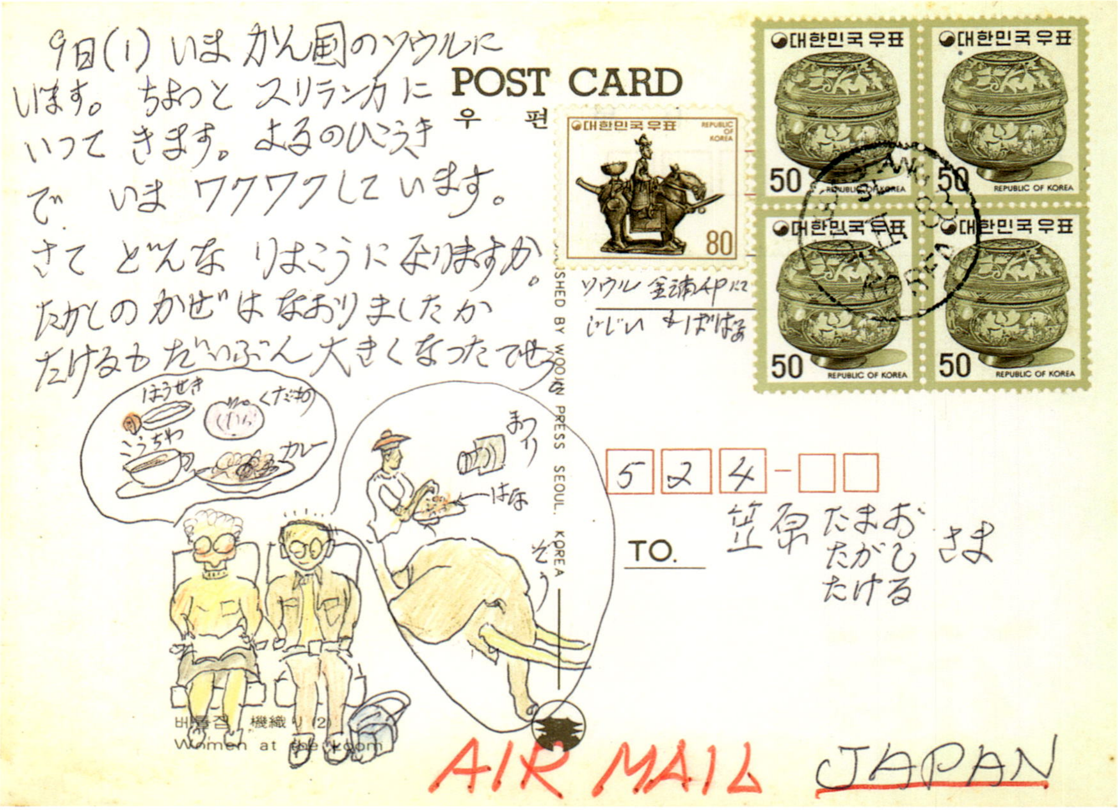
9日(1) いま かん国のソウルに
います。ちょっと スリランカに
いって きます。よるのひこうき
で いま ワクワクしています。
さて どんな りょこうに なりますか。
たかしのかぜは なおりましたか
たけるも だいぶん大きくなったでせう
POST CARD
TO.
たまお
たかし
たける
さま
AIR MAIL
JAPAN

よるの　ひこうきで　いま　ワクワクしています。

1983年2月9日　ソウル金浦国際空港

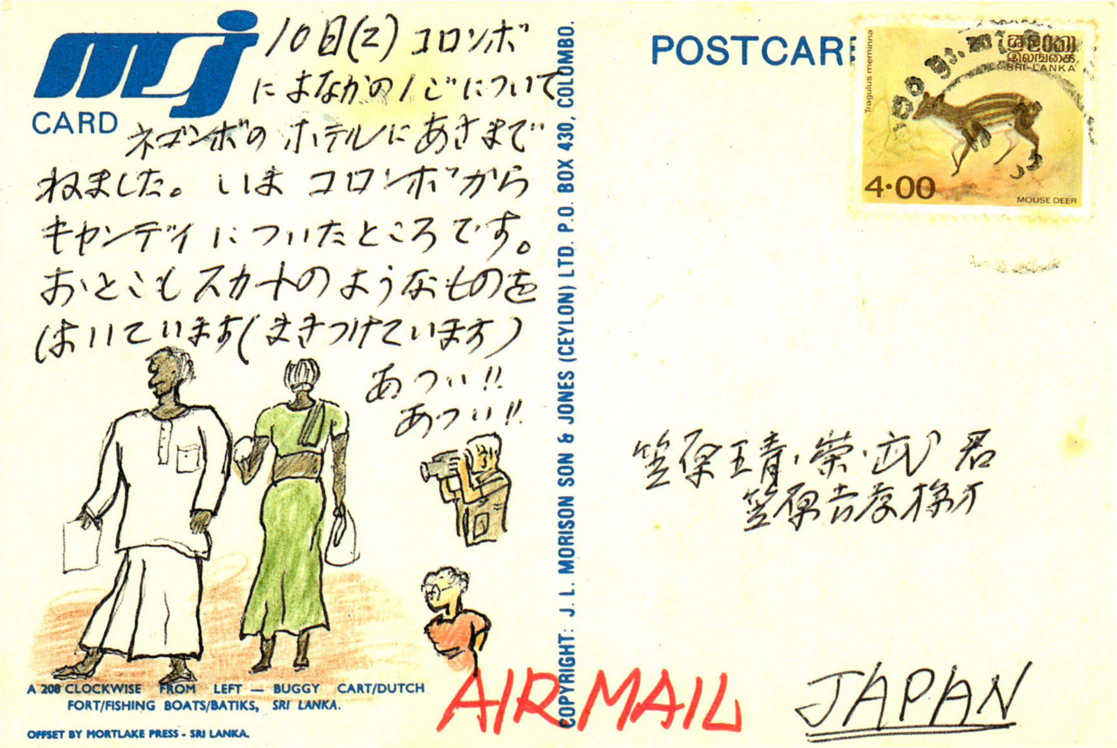
CARD
10日 コロンボ
によなかの1じについて
ネゴンボのホテルにあさまで
ねました。いま コロンボから
キャンディについたところです。
おとこもスカートのようなものを
はいています(まきつけています)
あつい!!
あつい!!
POSTCAR
Tragulus meminna
SRI LANKA
4·00
MOUSE DEER
COPYRIGHT: J. L. MORISON SON & JONES (CEYLON) LTD. P.O. BOX 430, COLOMBO.
A 208 CLOCKWISE FROM LEFT — BUGGY CART/DUTCH FORT/FISHING BOATS/BATIKS, SRI LANKA.
OFFSET BY MORTLAKE PRESS - SRI LANKA.
AIR MAIL
JAPAN

おとこも　スカートの　ようなものを　はいています。

1983年2月10日　ネゴンボ

Negombo SRI LANKA

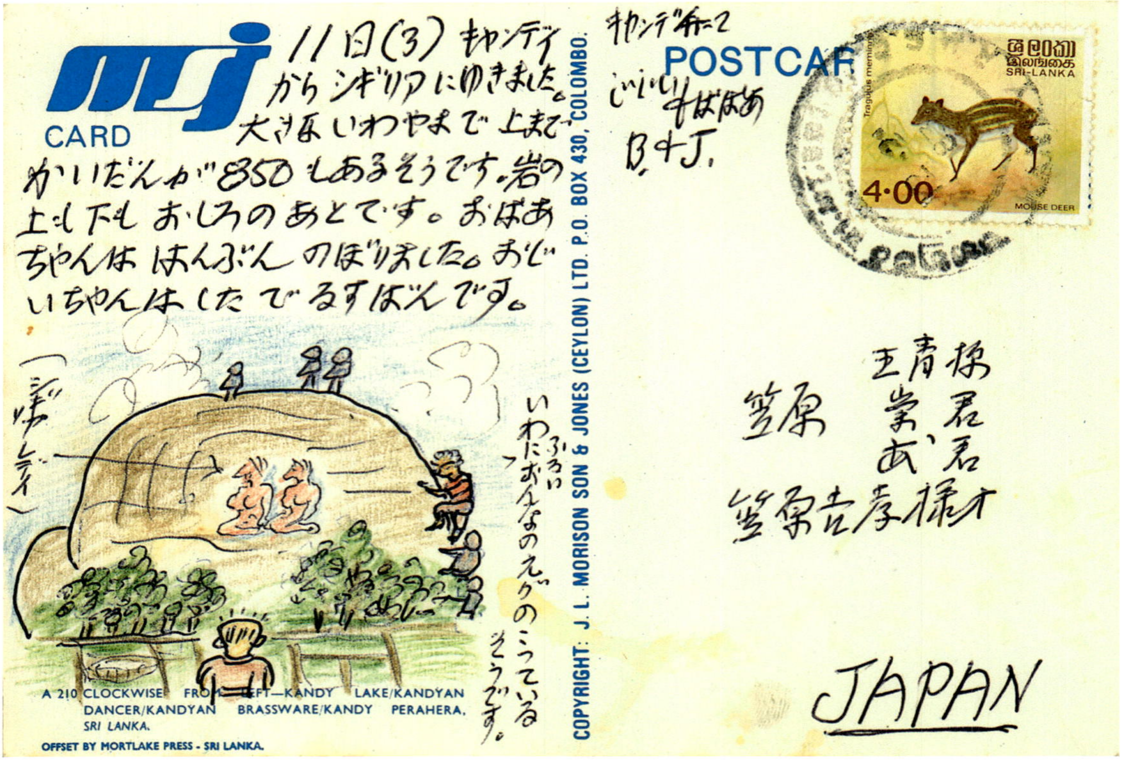
11日(3) キャンディからシギリアにゆきました。大きないわやまで上までかいだんが850もあるそうです。岩の上も下もおしろのあとです。おばあちゃんははんぶんのぼりました。おじいちゃんはしたでるすばんです。
(シギリアレディ)
いわにふるいおんなのえがのこっているそうです。
キャンディにて じいじい ばばあ B+J.
CARD
POSTCAR
SRI-LANKA
4·00
MOUSE DEER
COPYRIGHT: J. L. MORISON SON & JONES (CEYLON) LTD. P.O. BOX 430, COLOMBO.
A 210 CLOCKWISE FROM LEFT—KANDY LAKE/KANDYAN DANCER/KANDYAN BRASSWARE/KANDY PERAHERA, SRI LANKA.
OFFSET BY MORTLAKE PRESS - SRI LANKA.
JAPAN

おじいちゃんは　したで　るすばんです。

1983年2月11日　キャンディ

Kandy
SRI LANKA

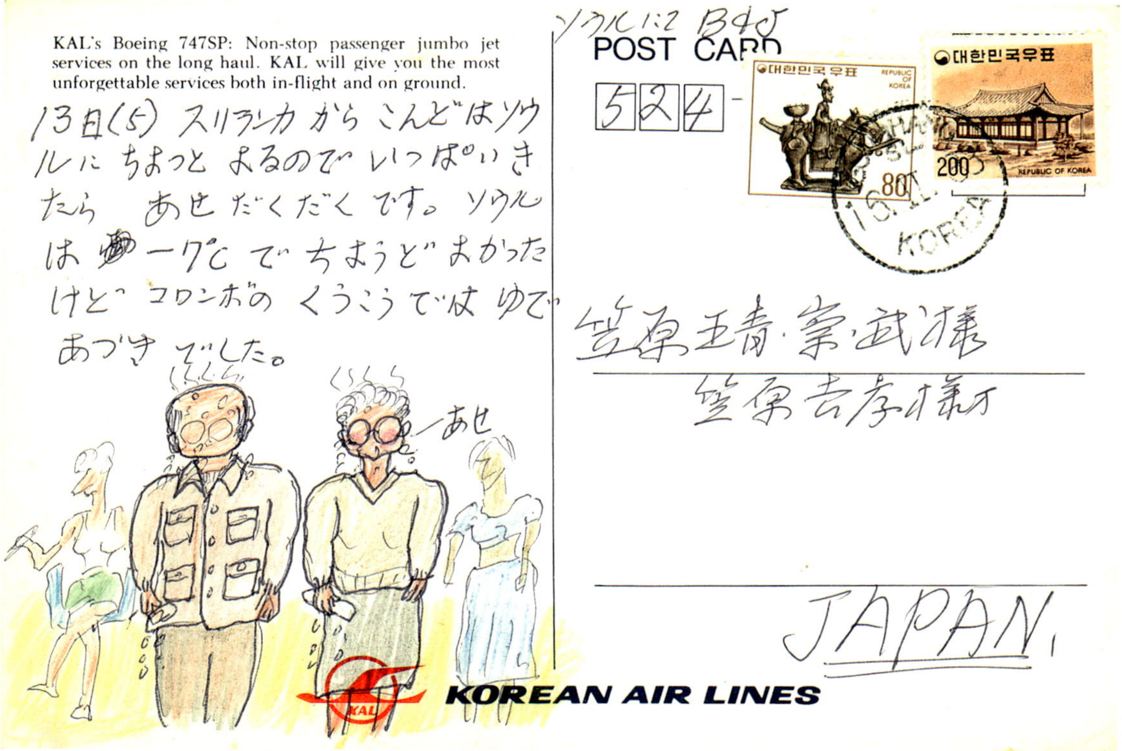
KAL's Boeing 747SP: Non-stop passenger jumbo jet services on the long haul. KAL will give you the most unforgettable services both in-flight and on ground.
13日(5) スリランカからこんどはソウルにちょっとよるのでいっぱいきたら あせだくだくです。ソウルは
でちょうどよかったけど コロンボの くうこうでは ゆであづきでした。
くらくら
あせ
POST CARD
대한민국우표
REPUBLIC OF KOREA
JAPAN
KOREAN AIR LINES

コロンボの　くうこうでは　ゆであずきでした。

1983年2月13日　ソウル金浦国際空港

KOREAN AIR

上2体・エジプトの人形　下3体・インドの人形

上2体・トルコの人形　下左・インドの人形　下右2体・不明

法相巷
8

上海・杭州・蘇州

1983年4月29日〜5月3日

苗猪市場
苗猪市

29日 あさ 中国の上海《しゃんはい》に
きました。風がつよく ちょっと
さむいくらいです。
まちには人がおおく、青い
ふくをきている人がほとんど
です。道は右側通行です。
いま プラタナスの なみ木
が
とても きれいです
夕方 汽車で上海から 杭州《こうしゅう》にいきます。
POST CARD
中国人民邮政
柯棣华逝世四十周年 1942－1982
70分
1982
航空
PAR AVION
土井みち，まき様
土井明 様方
日本
AIR MAIL
外灘（バンド）・黄浦江河畔
The Riverside in Shanghai (the Bund)
摄影 许志刚
Photo: Xu Zhi-gang

青い ふくを きている人が ほとんどです。

1983年4月29日　上海

30日 あさから まちのおてらやいろいろ
のけんぶつでした。(杭州)西湖(せいこ)とゆう
大きな湖があり、ぜんぶが公えんに
なっていて、あそびに来てる人が多く
いっぱいでした。
くもり すこし あめで うすらさむい
ようです。 まいにて ちゅうかですが
とても おいしいよ。
航空
PAR AVION
中国人民邮政 70分
土井みち.まき殿
土井 明様方
日本
AIR MAIL
植物园
(せいこゆうらん)
浙江人民美术出版社出版

まいにち ちゅうかですが とても おいしいよ。

1983年4月30日 杭州

SOOCHOW

1日蘇州までグリーントレインできました。5時間半位かかりました。おひるは食堂車につれていってもらいましたがまいにち中華をたべているのに、なかなかあきません。おいしいです。ここは東洋のベニスといわれたうんがのまちです。舟がたくさん荷物をはこんでいます。

Leaning Pagoda on Tiger Hill.
虎丘のパゴダ　おてんき　はれ

FOREIGN LANGUAGES PRESS, PEKING CHINA

清　王武 梧禽紫薇图　70分　中国人民邮政

PAR AVION

土井未知様
土井明様方

日本

AIR MAIL

蘇州まで　グリーントレインで　きました。

1983年5月1日　蘇州

ギリシャと
ロンドン

1983年11月16日〜27日

さむい！ さむい！

1983年11月16日　アンカレッジ

ぶじに アテネに つきました。

1983月11月17日 アテネ

19日 雨で ひこうきが とばずに
一日おくれて、やっと
サントリーニ島に つきました。
やれやれといった感じ
です。あすから しゃしんを
とります。
(一日ハガキ休み)
24. ΣΑΝΤΟΡΙΝΗ — Λιμήν και άποψις Φηρών
SANTORIN ISLAND — The harbour and view of Fira
ÎLE DE SANTORIN — Le port et vue de Fira
SANTORIN INSEL — Hafen und Ansicht von Fira
25
ΕΛΛΗΝΙΚΗ ΔΗΜΟΚΡΑΤΙΑ
HELLAS
THIRA
JAPAN
AIR MAIL

やっと サントリーニ島に つきました。

1983年11月19日 サントリーニ島

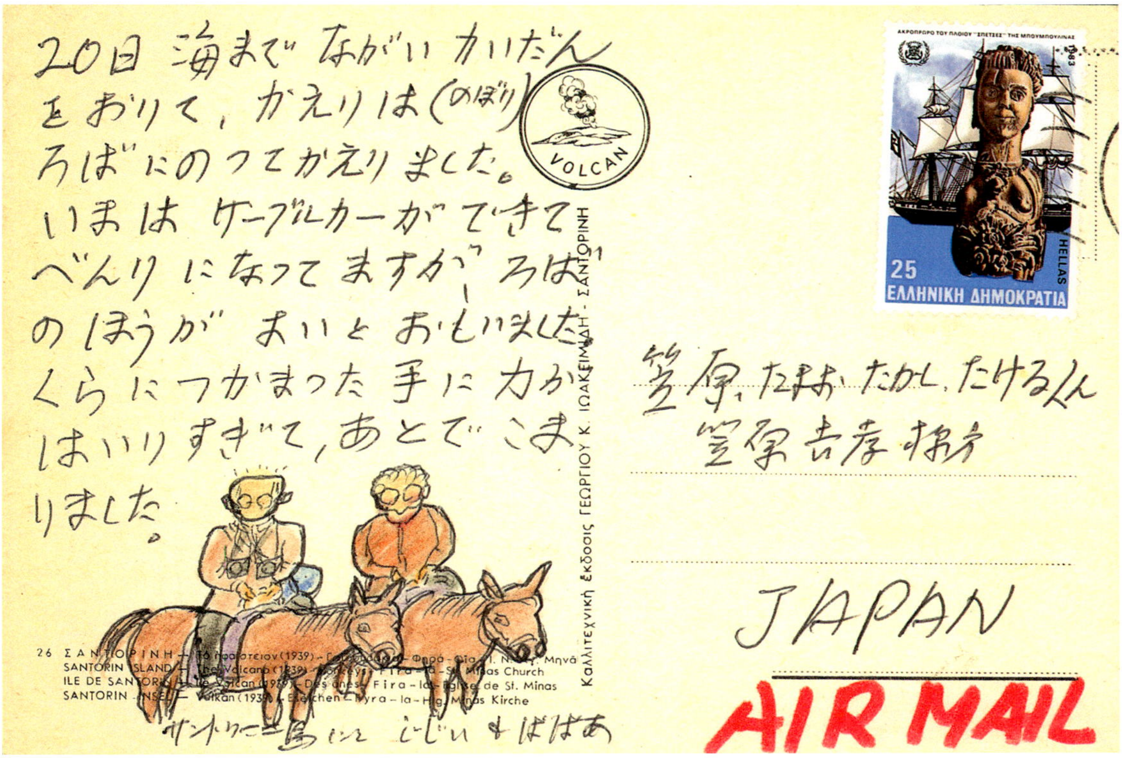

かえりは（のぼり） ろばにのって かえりました。

1983年11月20日 サントリーニ島

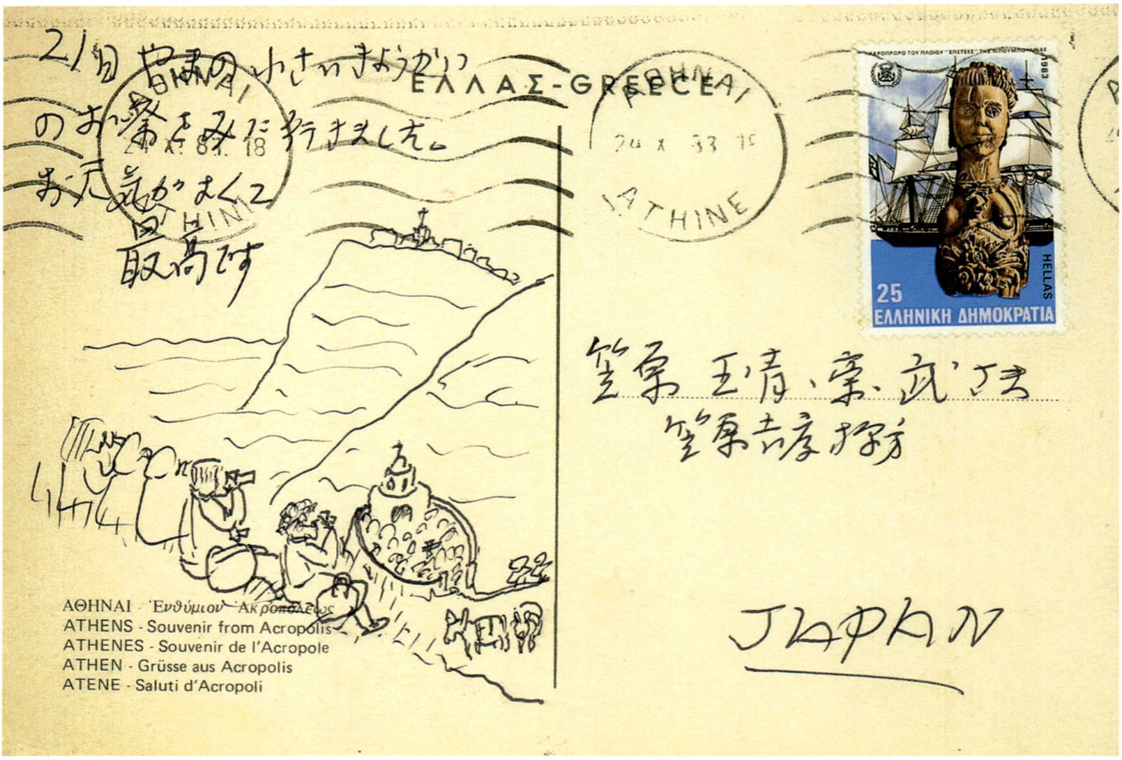

やまの　小さい　きょうかいの　お祭りを　みに行きました。

1983年11月21日　サントリーニ島

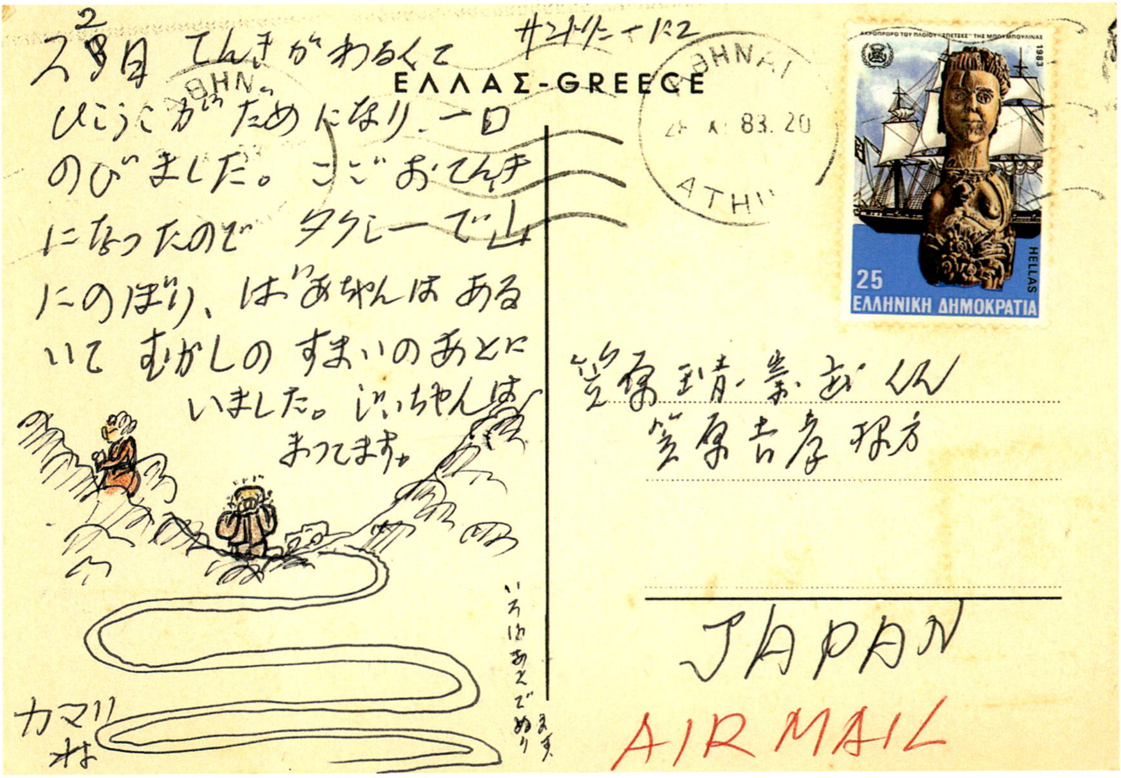

てんきが　わるくて　ひこうきが　だめになり
一日のびました。

1983 年 11 月 22 日　サントリーニ島

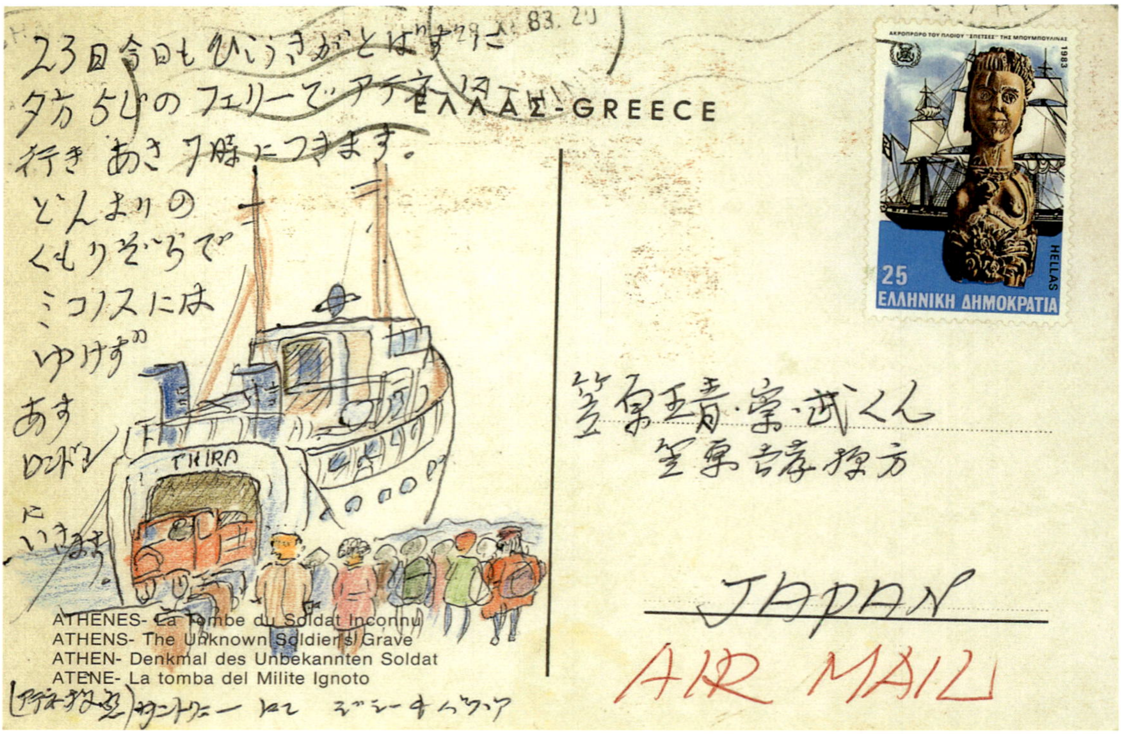

あす　ロンドンに　いきます。

1983年11月23日　サントリーニ島

BUCKINGHAM PALACE; THE TOWER OF LONDON & TOWER BRIDGE BY NIGHT, LONDON
One of the most fascinating cities in the world, with all its contrast of culture, traditions, old and modern buildings, its parks and night life, leaves every visitor with a memorable impression.
INTERNATIONAL I.V.P LIMITED DISTRIBUTORS
26P
Printed by United Artists Ltd. Israel.
Published by I.V.P Ltd. London England.
192-S
JAPAN
AIR MAIL

（あめおとこの　なげき）

1983年11月24日　ロンドン

LONDON BY NIGHT

BUCKINGHAM PALACE, THE QUEEN'S LIFE GUARDS, TRAFALGAR SQUARE, POST OFFICE TOWER, LONDON: One of the most fascinating cities in the world, with all its contrast of culture, traditions, old and modern buildings, its parks and night life, leaves every visitor with a memorable impression.
INTERNATIONAL I.V.P. LIMITED DISTRIBUTORS
LONDON W.
26 NOV
Be properly addressed
POSTCODE IT
26P
Printed by United Artists Ltd. Israel.
Published by I.V.P Ltd. London England.
JAPAN
AIR MAIL
214-S

あさ　ハイドパークに　さんぽに　いきましたが……。

1983年11月25日　ロンドン

Post Office Tower, Buckingham Palace, The Queen's Lifeguard, Trafalgar Square, London.

スマトラ島と
マレーシア

1984年2月19日〜27日

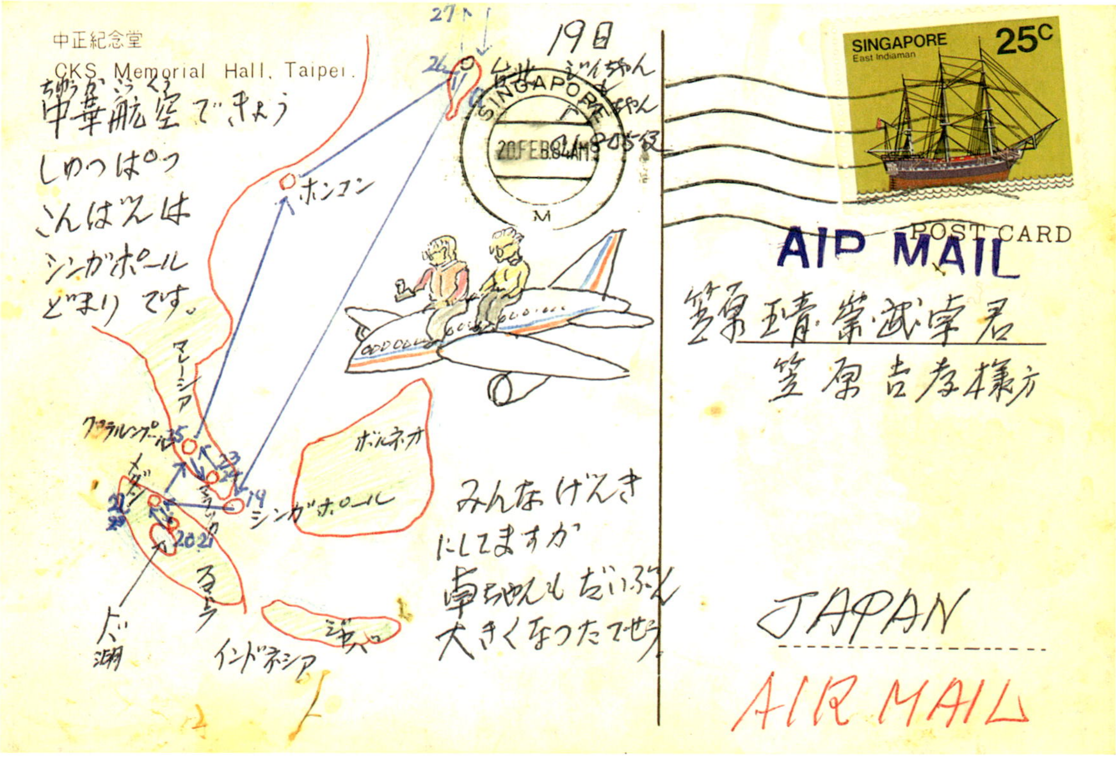

中華航空《ちゅうかこうくう》で きょう しゅっぱつ。

1984年2月19日　台北

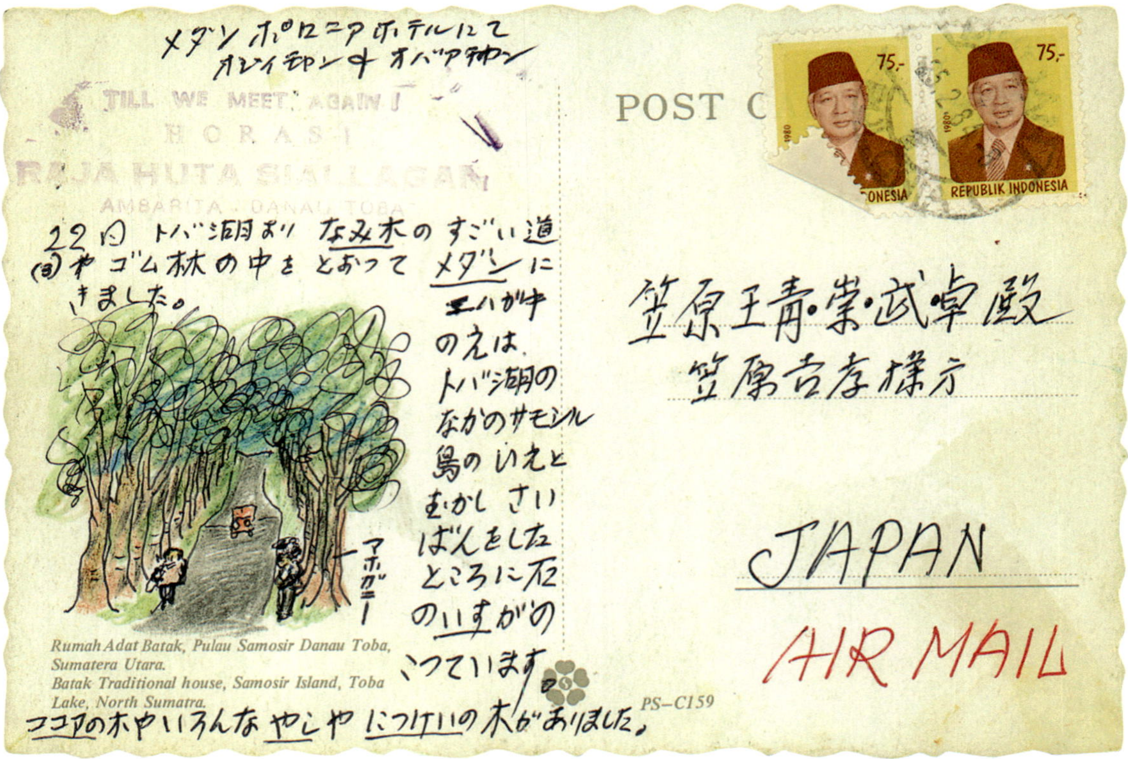
メダン ポロニアホテルにて
オジイチャン＋オバアチャン
TILL WE MEET AGAIN!
HORAS!
RAJA HUTA SIALLAGAN
AMBARITA - DANAU TOBA
22日（日）トバ湖より なみ木のすごい道やゴム林の中を とおって メダンにきました。
エハガキのえは、トバ湖のなかのサモシル島のいえと むかしさいばんをしたところに石のいすがのこっています。
アボガー
Rumah Adat Batak, Pulau Samosir Danau Toba, Sumatera Utara.
Batak Traditional house, Samosir Island, Toba Lake, North Sumatra.
PS–C159
ココアの木やいろんなやしやにっけいの木がありました。
POST C
75,-
1980
REPUBLIK INDONESIA
笠原王青・崇・武卓殿
笠原吉彦様方
JAPAN
AIR MAIL

ゴム林の中を　とおって　メダンにきました。

1984年2月22日　メダン

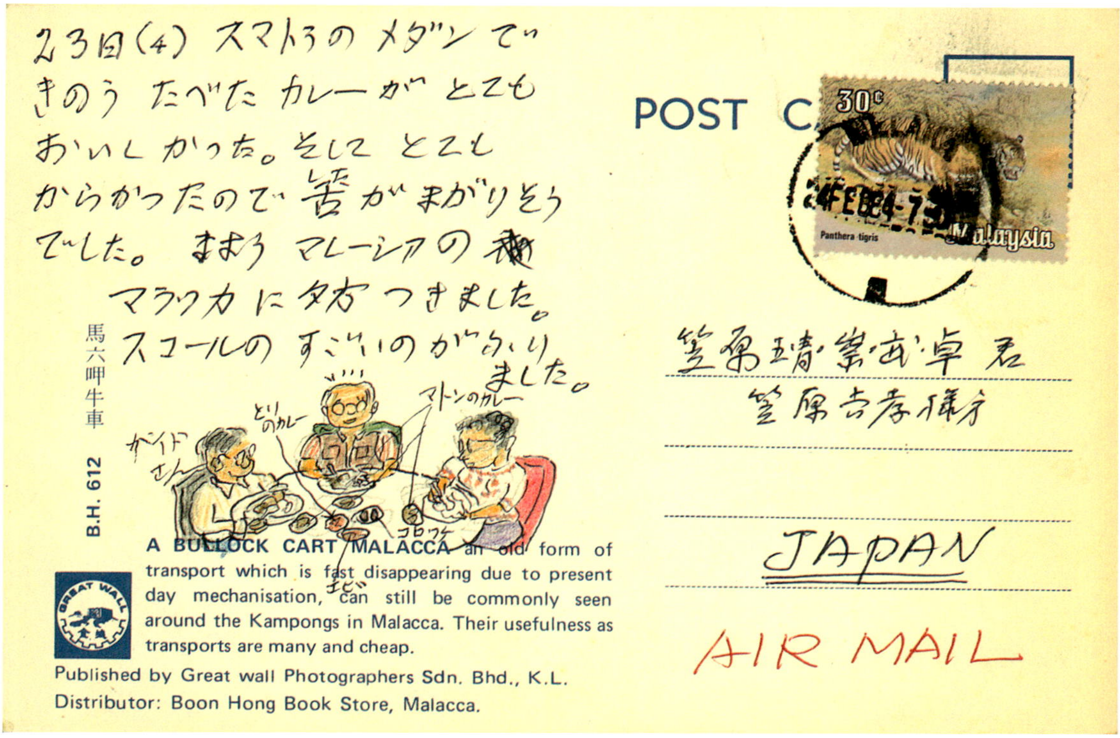

スマトラの メダンで
きのう たべた カレーが とても
おいしかった。そして とても
からかったので 舌が まがりそう
でした。
マラッカに 夕方 つきました。
スコールの すごいのが ふりました。
馬六呷牛車
B.H. 612
A BULLOCK CART MALACCA an old form of transport which is fast disappearing due to present day mechanisation, can still be commonly seen around the Kampongs in Malacca. Their usefulness as transports are many and cheap.
Published by Great wall Photographers Sdn. Bhd., K.L.
Distributor: Boon Hong Book Store, Malacca.
POST C
30c
Panthera tigris
Malaysia
JAPAN
AIR MAIL

スコールの　すごいのが　ふりました。

1984年2月23日　マラッカ

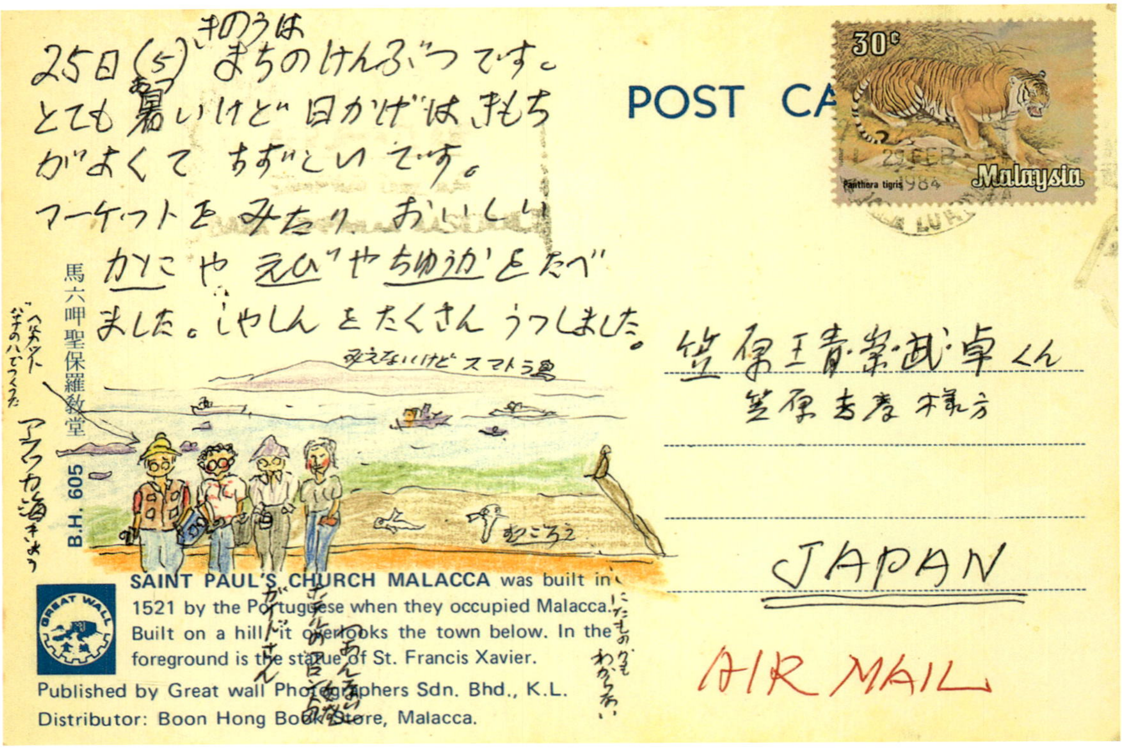
25日(土) きのうは まちのけんぶつです。
とても暑いけど日かげはきもちがよくてすずしいです。
マーケットをみたり、おいしいかにやえびやちゅうかをたべました。しゃしんをたくさんうつしました。
POST CA
30c
Panthera tigris
Malaysia
馬六呷聖保羅教堂
B.H. 605
みえないけどスマトラ島
ヘルメット バナナのハでつくった
JAPAN
AIR MAIL
SAINT PAUL'S CHURCH MALACCA was built in 1521 by the Portuguese when they occupied Malacca. Built on a hill, it overlooks the town below. In the foreground is the statue of St. Francis Xavier.
Published by Great wall Photographers Sdn. Bhd., K.L.
Distributor: Boon Hong Book Store, Malacca.

バナナのハで　つくった　ヘルメット

1984年2月24日　マラッカ

FEDERAL SECRETARIAT
KUALA LUMPUR
Picture shows the Federal Secretariat-Building where most of the Government Offices are situated.
KL 1702
25日(土) クアラルンプール
ひる クアラの まちを けんぶつし、よる マーケット に行って マレーシアの ごちそう をたべました。やきそばや、サテー とゆう くしやき等です。すいかの なま ジュースが おいしかった。スコール のあいにつし ありましたが、ぬれず にすみました。
POST CARD
中華民國航空郵票
REPUBLIC OF CHINA
7
TAIPEI
笠原たまお、たかし、たける、たく殿
笠原吉孝様方
JAPAN.
AIR MAIL
バナナのてんぷら
PUB. BY - S. W. SINGAPORE

すいかの　なまジュースが　おいしかった。

1984年2月25日　クアラルンプール

POMPES
ES ALTAX

モロッコ①

1984年4月25日～5月9日

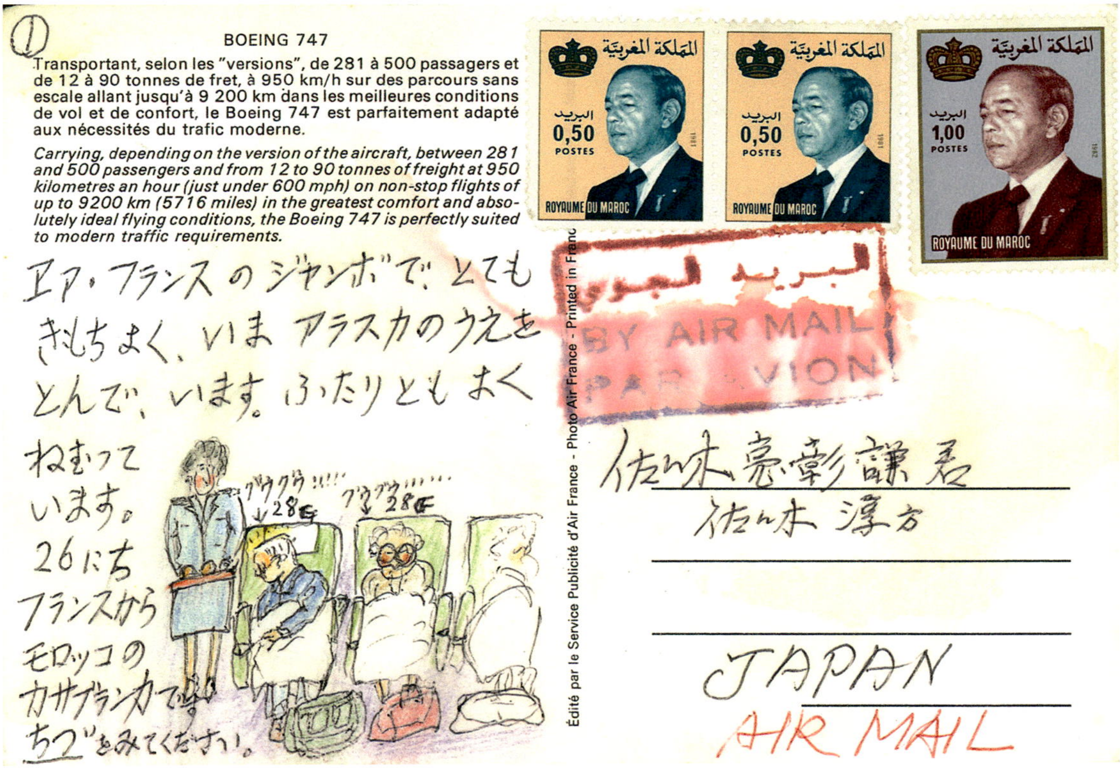
①
BOEING 747
Transportant, selon les "versions", de 281 à 500 passagers et de 12 à 90 tonnes de fret, à 950 km/h sur des parcours sans escale allant jusqu'à 9 200 km dans les meilleures conditions de vol et de confort, le Boeing 747 est parfaitement adapté aux nécessités du trafic moderne.
Carrying, depending on the version of the aircraft, between 281 and 500 passengers and from 12 to 90 tonnes of freight at 950 kilometres an hour (just under 600 mph) on non-stop flights of up to 9200 km (5716 miles) in the greatest comfort and absolutely ideal flying conditions, the Boeing 747 is perfectly suited to modern traffic requirements.
エア・フランスのジャンボで とても きもちよく、いま アラスカのうえを とんでいます。ふたりとも よく ねむっています。
26にち フランスから モロッコの カサブランカです ちずをみてください。
グウグウ!!!! 28E
グウグウ…… 28F
المملكة المغربية
البريد
0,50
POSTES
ROYAUME DU MAROC
1,00
BY AIR MAIL
PAR AVION
Édité par le Service Publicité d'Air France - Photo Air France - Printed in France
佐々木淳方
JAPAN
AIR MAIL

いま アラスカの うえを とんでいます。

1984年4月25日　機中

AIR FRANCE

فاس
70 FES
Porte de Boujeloud
Boujeloud gate
②パリから カサブランカと
いう モロッコのまちにつき、
きょう バスで フェズという、むかし
おおさまのすんでいたまちにつきま
した。 おんなのひとは
かおを
はんぶ
んかく
して
います。
ROYAUME DU MAROC
1.40
18 H
30-4
1984
ERFOUD
JAPAN.
PAR AVION.
Casa Images, 187 Bd Lalla Yacout, tél. 30.09.94, Casablanca
Reproduction interdite.

おんなのひとは　かおを　はんぶん　かくしています。

1984年4月27日　フェズ

サハラサバクの　ひのでを　うつしに　いきました。

1984年4月29日　エルフード

938.000
ارفود : وسط النخيل
Erfoud
La Palmeraie et la ville
④ 30日 エルフードからバスでいくとちゅうにラクダやうまにのった たびの ひとたち(たいしょう?)をみました。りょうくんのような小さい子どもも あるいていました。とおいやまには ゆきがありました。
Exclusivité Sochepress : Angle rues de Dinant et St Saëns - Casablanca
Reproduction interdite
S 9.100
المملكة المغربية
ROYAUME DU MAROC
1.40
POSTE AERIENNE
COURVOISIER
JAPAN
PAR AVION

ラクダや うまにのった たびの ひとたちを みました。

1984年4月30日 エルフード

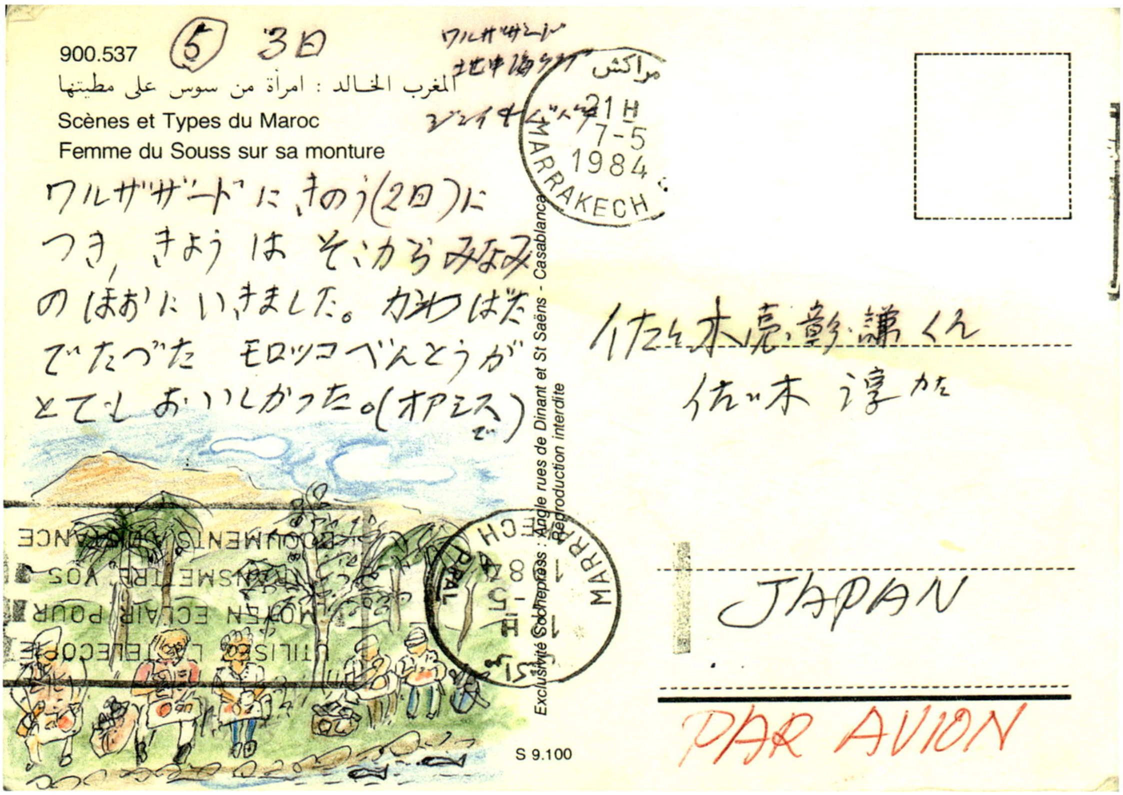
5 3日
900.537
المغرب الخالد : امرأة من سوس على مطيتها
Scènes et Types du Maroc
Femme du Souss sur sa monture
ワルザザードに きのう(2日)に つき、きょうは そこからみなみ のほうにいきました。かわはだ でたべた モロッコべんとうが とてもおいしかった。(オアシスで)
MARRAKECH 1984
JAPAN
PAR AVION
S 9.100

モロッコべんとうが　とても　おいしかった。

1984 年 5 月 3 日　ワルザザード

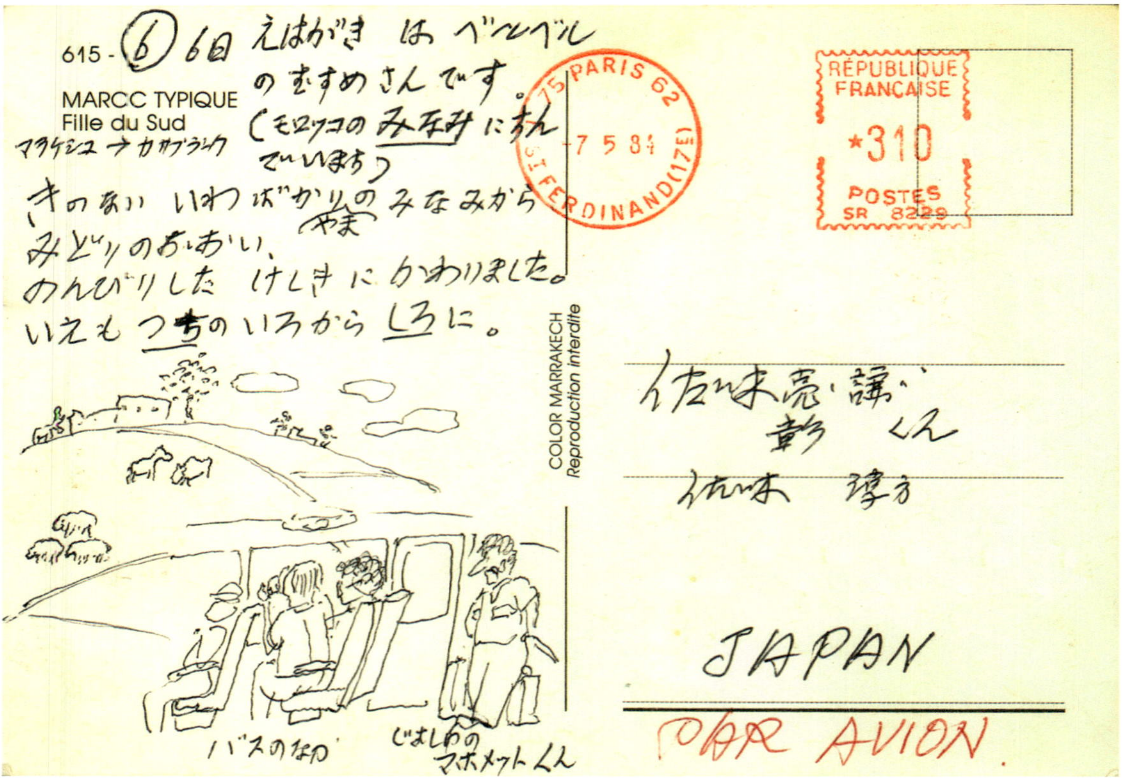
615-
MARCC TYPIQUE
Fille du Sud
マラケシュ → カサブランカ
6日 えはがき は ベルベル
のむすめさんです。
(モロッコのみなみにすんでいます)
きのない いわばかりの やま のみなみから
みどりのおおい、
のんびりした けしきにかわりました。
いえもつちのいろからしろに。
COLOR MARRAKECH
Reproduction interdite
75 PARIS 62
7 5 84
FERDINAND(17E)
RÉPUBLIQUE FRANÇAISE
*310
POSTES
SR 8229
JAPAN
PAR AVION
バスのなか
マホメットくん

いえも　つちのいろから　しろ　に。

1984年5月6日　カサブランカ

PARIS
413 - Le Palais des Congrès
et la Tour Concorde-Lafayette, l'Arc de Triomphe
la Tour Eiffel

Editions CHANTAL, 74, rue des Archives, Paris

RÉPUBLIQUE FRANÇAISE
★310
POSTES
SR 3229

Imprimé en France

Reproduction interdite

Image de France
Imprimée en France

モロッコからパリにつきホテルにとまってます。おいしいばんごはんをたべて、いまからねます。
あしたはまたエアーフランスのジャンボでかえります。

パリはあめでさむかったのがいまはてんきです。

JAPAN

PAR AVION

えはがきのまんなか、まるいたかいのがホテルです。

エアーフランスの　ジャンボで　かえります。

1984年5月7日　パリ

ニュージーランド

1984年7月22日〜29日

こちらは ふゆです。

1984年7月23日　機中

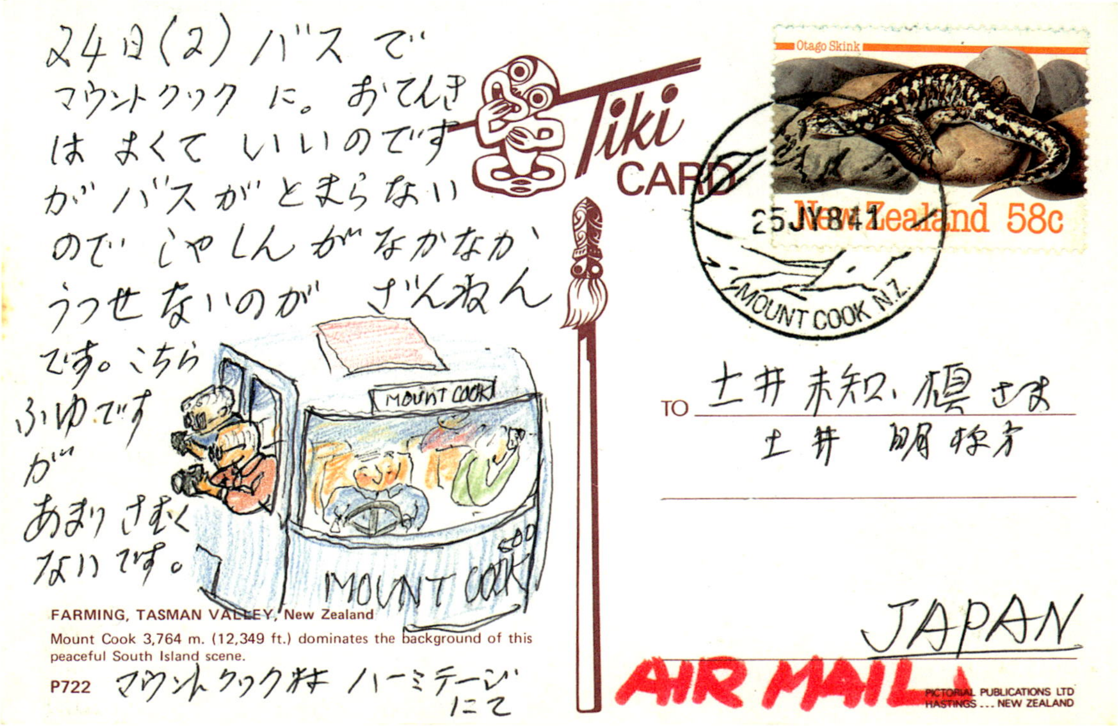

バスで マウントクックに。

1984年7月24日　マウントクック村

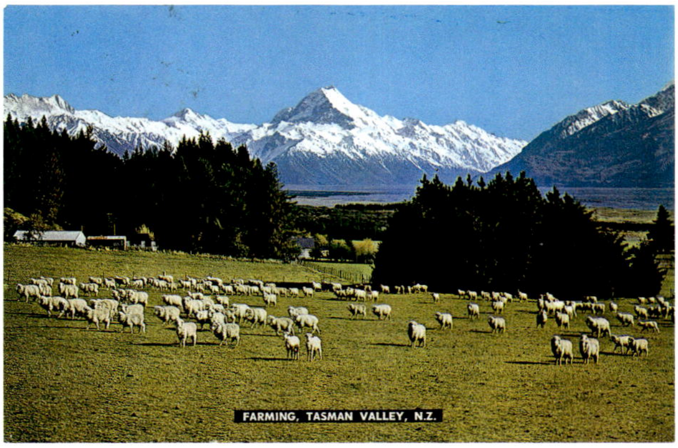

6人のりです。

1984年7月25日　クイーンズタウン

26日(4) 24日ここについて
すぐ牧場の見学に行きました
舟で湖を渡って向岸にあります
羊を追う犬がとてもめづらしかった。
AIR MAIL
Otago Skink
New Zealand 58c
Microtone Viewcard by Bascands Ltd, Christchurch, N.Z.
JAPAN.
AIR MAIL
PAR AVION
Yarding Sheep At Walter Peak Station
Walter Peak Station situated on the edge of Lake Wakatipu gives the tourist an opportunity to see a demonstration of New Zealand farming methods. Often tourists lend a hand as on the right.
Photographer: M.F. Hunter
今日はフィヨルド見物をしました。
A34
Distributed by M.F. Hunter Holdings Ltd, P.O. Box 1498, Christchurch.

今日は　フィヨルド見物を　しました。

1984年7月25日　クイーンズタウン

Yarding sheep at Walter Peak Station

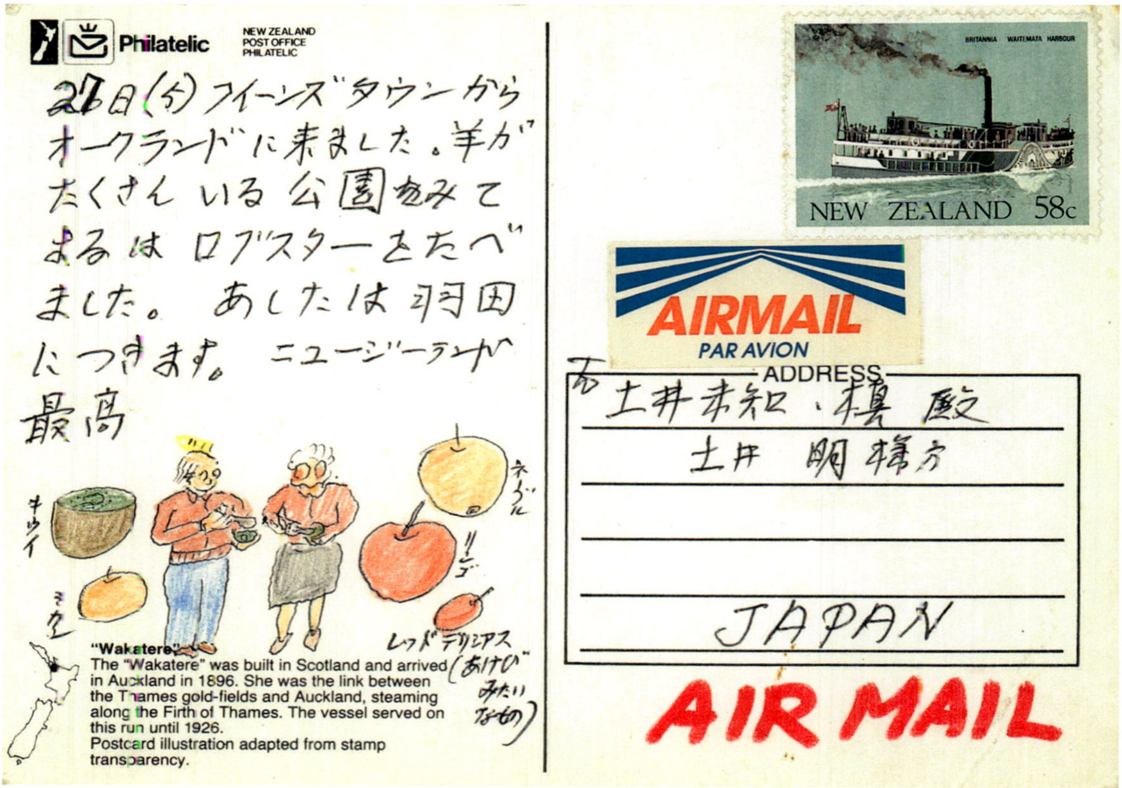
Philatelic
NEW ZEALAND POST OFFICE PHILATELIC
27日(金)クイーンズタウンから
オークランドに来ました。羊が
たくさんいる公園をみて
よるはロブスターをたべ
ました。あしたは羽田
につきます。ニュージーランド
最高
キウイ
ミカン
ネーブル
リンゴ
レッドデリシアス
(あけび
みたい
なもの)
“Wakatere”
The “Wakatere” was built in Scotland and arrived in Auckland in 1896. She was the link between the Thames gold-fields and Auckland, steaming along the Firth of Thames. The vessel served on this run until 1926.
Postcard illustration adapted from stamp transparency.
BRITANNIA WAITEMATA HARBOUR
NEW ZEALAND 58c
AIRMAIL
PAR AVION
ADDRESS
JAPAN
AIR MAIL

ニュージーランド 最高。

1984年7月27日　オークランド

WAKATERE FIRTH OF THAMES
NEW ZEALAND 70c

モロッコ②

1985年3月16日〜4月1日

みんな　おりこうさんで
べんきょうしたり　あそんでください。

1985年3月16日　機中

まいにち　めづらしいものを　みています。

1985年3月19日　タルーダント

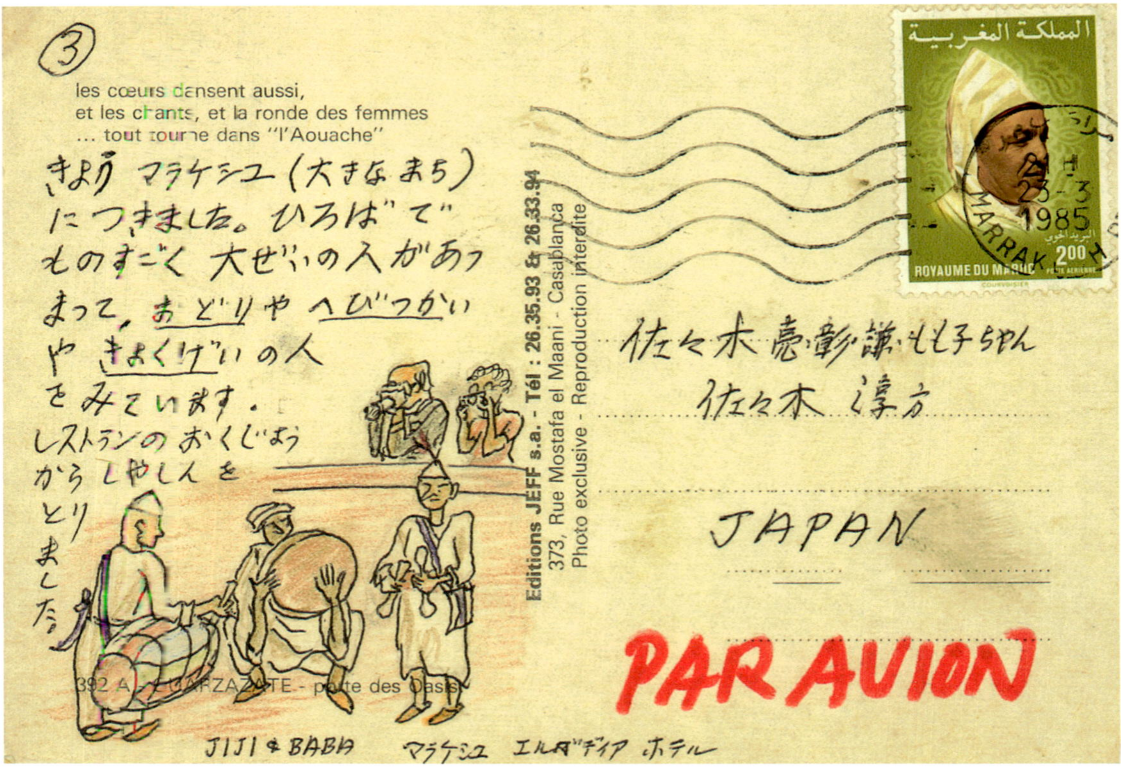
③
les cœurs dansent aussi,
et les chants, et la ronde des femmes
... tout tourne dans "l'Aouache"
きょう マラケシュ（大きなまち）
につきました。ひろばで
ものすごく大ぜいの人があつ
まって、おどりや へびつかい
や きょくげいの人
をみています。
レストランのおくじょう
からしゃしんを
とりました
Editions JEFF s.a. - Tél : 26.35.93 & 26.33.94
373, Rue Mostafa el Maani - Casablanca
Photo exclusive - Reproduction interdite
ROYAUME DU MAROC
2.00
MARRAKECH
1985
佐々木豪彰様 もも子ちゃん
佐々木淳方
JAPAN
PAR AVION
392 A OUARZAZATE - porte des Oasis
JIJI & BABA マラケシュ エルバディア ホテル

おどりや　へびつかいや　きょくげいの人

1985年3月21日　マラケシュ

215-4
OUARZAZATE
Aït Benhadou - Kasbah
カスバの道を走ってそのまんなかくらいのブーメルンのまちにとまっています。
今日はかぜがつよくちょっとさむいです。あすはサバクのまちエルフードです。
モスク
COLOR MARRAKECH
Reproduction interdite
ROYAUME DU MAROC
1,40
POSTES
ROYAUME DU MAROC
2,00
JAPAN
PAR AVION

日本時間　24日午前6時

ここは　　23日午后7時です。

1985年3月23日　ブーマルン・ダデス

夜の　そらは　とても　きれいで　すきとおって
ほしが　たくさん　ひかって　いました。

1985年3月27日　フェズ

げんきです。

1985年3月28日　フェズ

旅のおもいで

上左2体・不明　上右・インドの人形　中央・英国の人形　下2体・モロッコの人形

上3体・インドの人形　下・ケニアの人形

中央アジアと極東ロシア

1985年8月16日〜23日

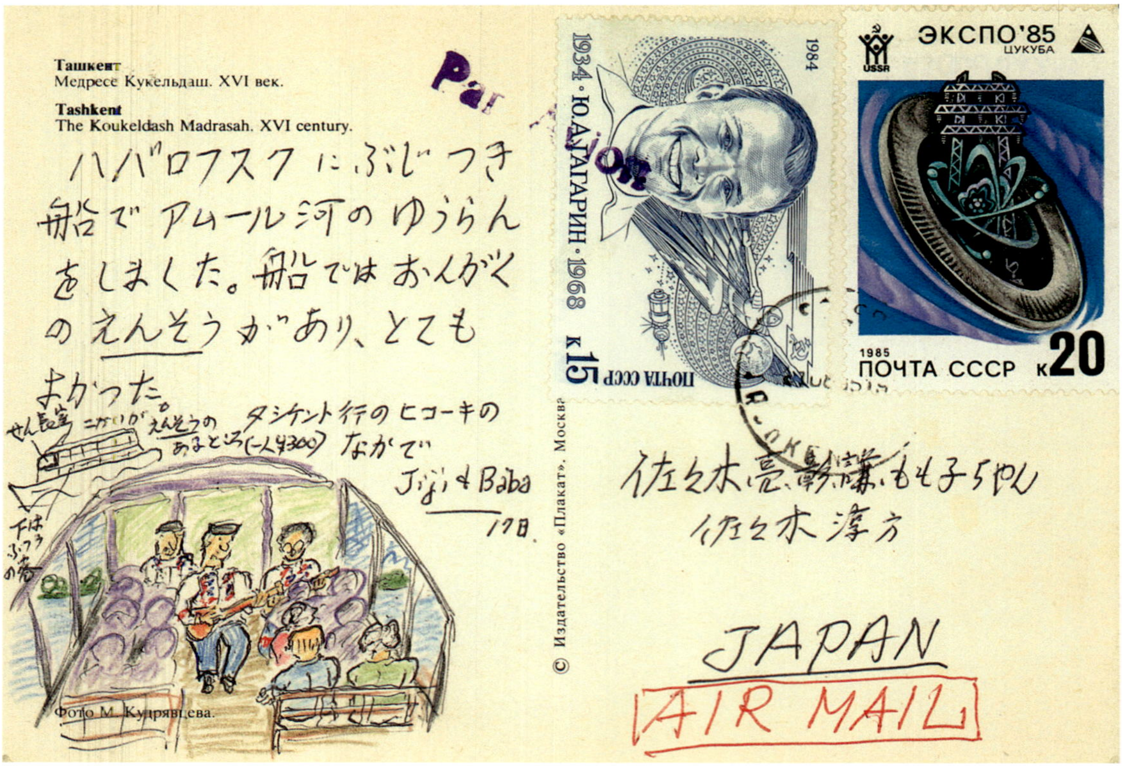

(一人 ¥300)

1985年8月17日　ハバロフスク

Минарет Кальта-минар и медресе Мухамед-Амин-хана.
XIX в.
Фото Б. Круцко

ウルゲンチとゆうまちから30km
ぐらいのヒワとゆうふるい
まちにいきました。女の人がとても
きれいな色の服をきて
います。

暑い!!
暑い!!

オーバー風
ワンピース風
J.J.
ババ
Baba
Kashii

ХИВА

© «Планета», 1984. 7/8в-5726155 тыс. 5 к. 3. 2470. КПК
Отправлять только в конверте

ПОЧТА СССР

佐々木亮 彰 謙 君
もも子ちゃん
佐々木 淳 方

JAPAN
AIR MAIL
Par avion

女の人が　とても　きれいな色の　服を　きています。

1985年8月18日　ヒワ

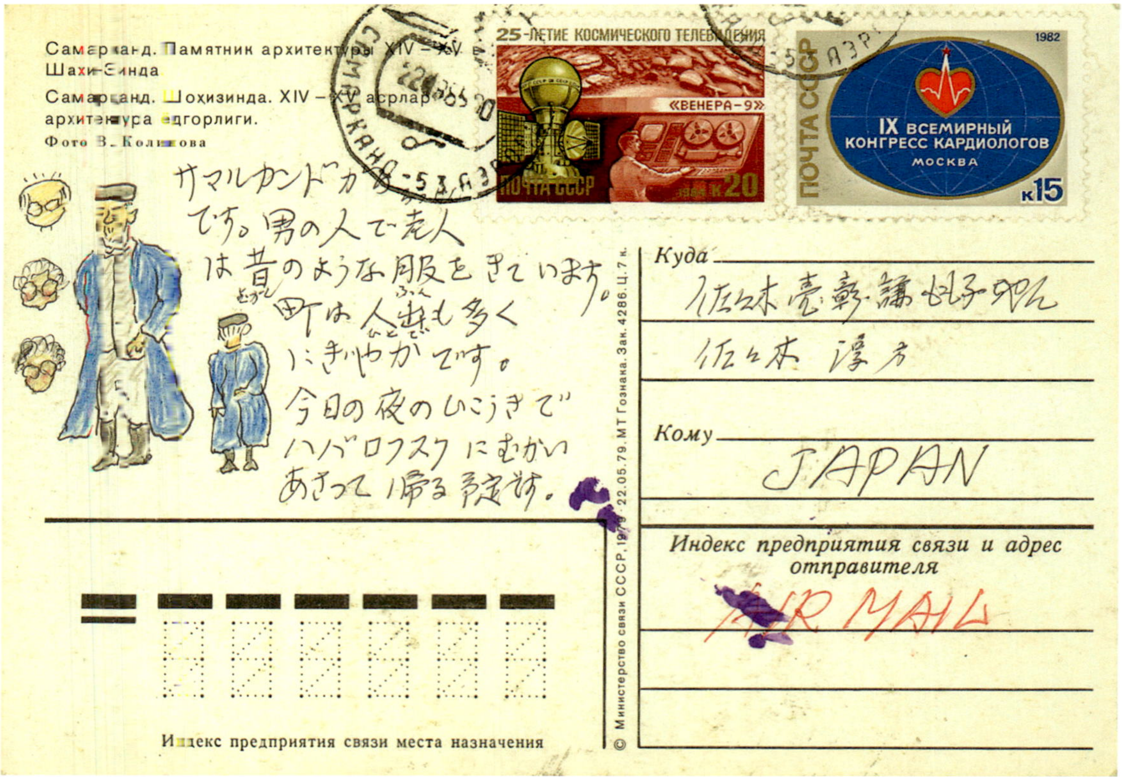
Самарканд. Памятник архитектуры XIV – XV в.
Шахи-Зинда
Самарканд. Шохизинда. XIV – XV асрлар архитектура ёдгорлиги.
サマルカンドからです。男の人で老人は昔のような服をきています。町は人も多くにぎやかです。今日の夜のひこうきでハバロフスクにむかいあさって帰る予定です。
25-ЛЕТИЕ КОСМИЧЕСКОГО ТЕЛЕВИДЕНИЯ
«ВЕНЕРА-9»
ПОЧТА СССР
к20
1982
IX ВСЕМИРНЫЙ КОНГРЕСС КАРДИОЛОГОВ
МОСКВА
ПОЧТА СССР
к15
Куда
Кому
JAPAN
Индекс предприятия связи и адрес отправителя
AIR MAIL
Индекс предприятия связи места назначения

男の人で　老人は　昔のような　服を　きています。

1985年8月21日　サマルカンド

エジプト

1986年2月11日〜22日

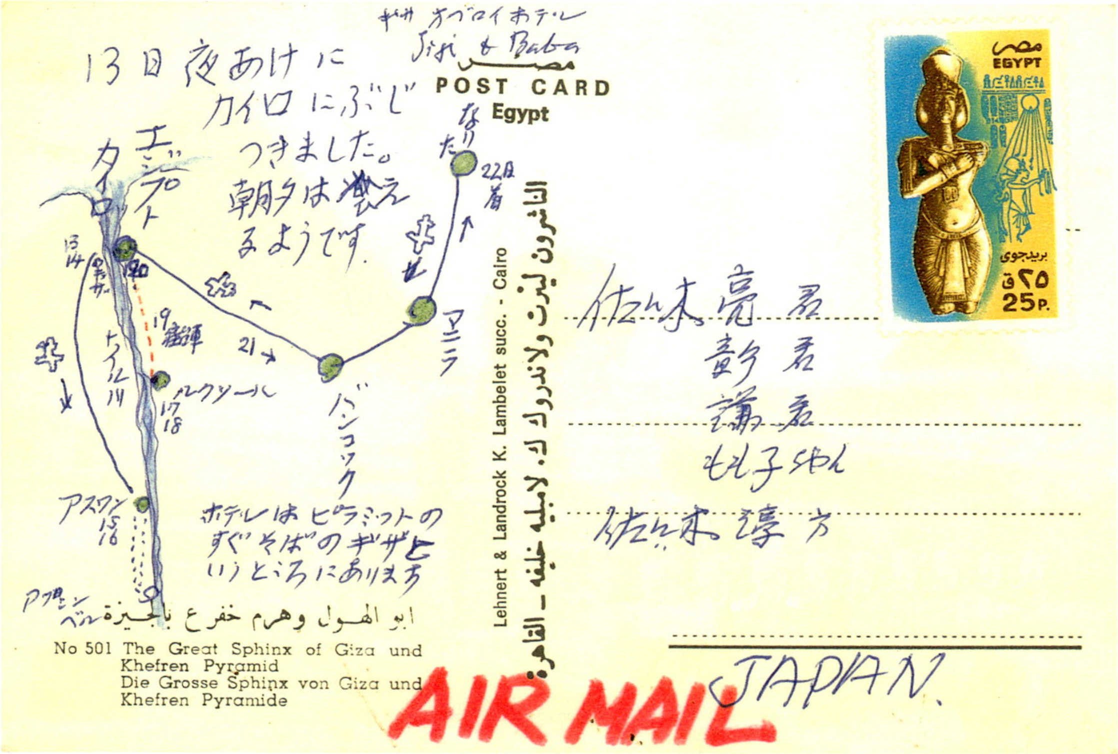

夜あけに　カイロに　ぶじ　つきました。

1986年2月13日　カイロ

よる 色々の 光で てらす ショウを みました。

1986年2月13日 カイロ

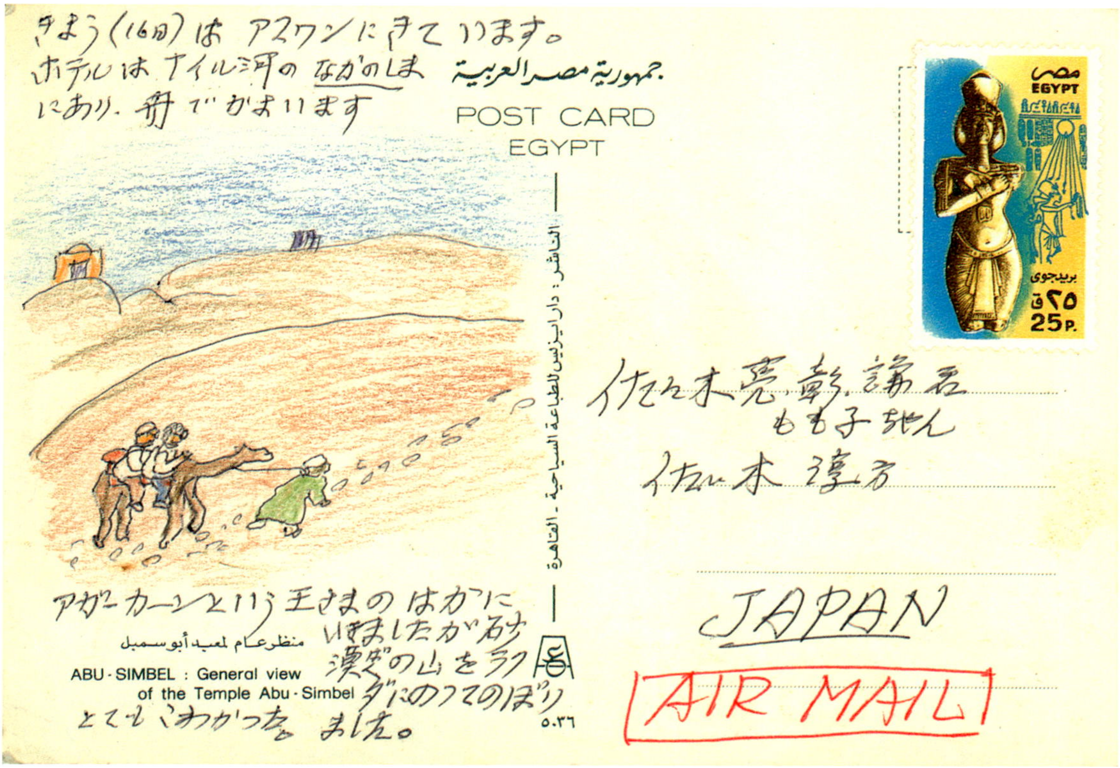
きょう(16日)は アスワンにきています。
ホテルは ナイル河の なかのしま
にあり、舟で かよいます
POST CARD
EGYPT
EGYPT
25P.
アガーカーンという王さまのはかに
いきましたが砂
漠の山をラク
ダにのってのぼり
ました。
とてもこわかった
ABU - SIMBEL : General view
of the Temple Abu - Simbel
JAPAN
AIR MAIL

砂漠の山を　ラクダにのって　のぼりました。
とても　こわかった。

1986年2月16日　アスワン

ナイル河をヨットのような舟でわたり それもとてもおもしろかった。アスワンからバスで三カしょけんぶつして、ルクソールに夕方つきました。
جمهورية مصر العربية
POST CARD
A.R. Egypt
Pub: AL AHRAM Est. Galaa St. -CAIRO
EGYPT
25P.
JAPAN
AL - AHRAM
A 165
Photo by Dino Sassi

ナイル河を　ヨットのような　舟で　わたり
それも　とっても　おもしろかった。

1986年2月17日　ルクソール

ASWAN
KOMOMBO
EDFU

メキシコ

1987年6月10日～19日

FRITO
XX

3REYES:
LARGA
DISTANCIA
KANTUNIL, YUC.

OPEZ
AXACA
LOS TINOS
SUPER COMBO LATINO
GRUPO CELESTE
LOS TINOS
SUPER COMBO LATINO
GRUPO CELESTE

ERA EL CLERO

テオティワカンという　古い　いせきを　みにいきました。

1987年6月11日　メキシコシティー

あつくて あつくて かおは まっくろけです。

1987年6月13日 メリダ

15日 オアハカに来ています。おいしいタコスをたべました。メキシコはワーゲンがまちにたくさん走っています。まだワーゲンを作っているのだそうです。
TARJETA POSTAL
"VISTACOLOR"
Lito en México
©
Distribuido por FIGUEROA, S. A.
Esq. Av. Hidalgo y 20 de Nov., Oaxaca, México.
CITRICOS
MEXICO EXPORTA
$200
CORREOS
MEXICO EXPORTA
$400
CORREOS
El Monumento a la Madre y Trajes Regionales.
Regional Dresses and Monument to the Mother.
Oaxaca, Oax., México.
Foto: Ken Hayes
AIR MAIL
¡Coleccione Tarjetas Postales!

ワーゲンが まちに たくさん 走っています。

1987年6月15日　オアハカ

南イタリア

1988年3月16日〜27日

S. GIUSEPPE
S. GIUSEPPE
Programma
Programma
DELLA FESTA
GIORNO DELLA FESTA
SANTUARIO S. GIUSEPPE
ENNA
19 MARZO 1988
S. GIUSEPPE

ONORE AI CAMERATI CADUTI

uscita

ROMA
PIAZZA DI SPAGNA
モスクワ
成田
ローマ
ミラノ
ナポリ
ソレント
カプリ島
パレルモ
シシリー
成田で3時間半もおくれ、ローマには約5時間もおくれてつきました。これから旅がはじまります ワクワクしています。
もう おひると 夕食に スパゲッテー か パスタ が出ましたが、とてもおいしかった。しかし日本のおいしいところと同じ位と思います。
パレルモは風がつよいところです
CASTELLO DI ROCCA SINIBALDA
550
ITALIA
PALERMO
JAPAN
AIR MAIL
EDIZIONI Regoli
© FOTO - COPYRIGHT A REGOLI TUTTI I DIRITTI RISERVATI PRINTED IN ITALY

これから　旅が　はじまります。ワクワクしています。

1988年3月17日　パレルモ

TAORMINA
Panorama con Grand Hotel Imperiale
Panorama avec Grand Hôtel Imperiale
Panorama with Grand Hotel Imperiale
Panorama mit Grand Hotel Imperiale
昨日はアグリジェントで古い時代の神殿(かみ様を祭る家)を見ました。長い丘の上にならんで五つ位、大の様なりっぱなものから、柱丈のこっているもの、昔のあとの石丈がのこっているものいろいろです。
気候は朝夜は一寸ひえますがひる間はあついくらいです。
今日はタオルミナに泊ってます。
CASTELLO DI ROVERETO 500
ITALIA
CASTELLO DI ROVERETO 500
ITALIA
JAPAN
Ediz. Conti - Taormina
KINA ITALIA - Milano
231
AIR MAIL

古い時代の　神殿（かみ様を祭る家）を　見ました。

1988 年 3 月 20 日　タオルミーナ

少し　こえて　かえるのではないか　と　心ぱいしています。

1988年3月22日　アルベロベッロ

おわりに

航空チケットの半券、旅先の地図、
旅先で寄った飲食店の印刷物、
旅先で利用したカードの明細書やレシート、
宿泊したホテルの便箋類や観光のパンフレット、
旅のスケジュール表や自ら予定を書き込んだ手帳、
そして、旅先で撮られた、数千枚はあるであろうスライド……。
(まさか、ここまで収集癖がある祖父だったとは知らなかった。)
そんな収集物群を整理する事から始まった、『おじぃちゃんのハガキ』。
気になった物が見つかると祖母の所へ持っていく。
ひとつひとつを懐かしそうに手にする祖母。
記憶のスイッチが入った祖母。
祖母の口から語られる祖父との思い出話。
そんな祖母の表情からも祖父の人間性が伝わってくる。
あらためて、祖父が出してくれた絵ハガキに目をとおしてみる。
(自分には到底、真似できそうにもない。)
自然と表情がほころぶ。

佐々木　亮

おじぃちゃんのハガキ

2008 年 11 月 10 日　初版第 1 刷発行

著　者　　　佐々木重幸

発行者　　　西　俊明
発行所　　　海鳥社
〒 810-0074　福岡市中央区大手門 3-6-13
Tel 092-771-0132　Fax 092-771-2546
印刷・製本　大村印刷株式会社

編集・装幀　佐々木　亮

[定価は表紙カバーに表示]
ISBN 978-4-87415-695-7